Adolph Späth

Martin Luther im Liede seiner Zeitgenossen

Adolph Späth

Martin Luther im Liede seiner Zeitgenossen

ISBN/EAN: 9783744626606

Hergestellt in Europa, USA, Kanada, Australien, Japan

Cover: Foto ©Thomas Meinert / pixelio.de

Weitere Bücher finden Sie auf **www.hansebooks.com**

Martin Luther

im

Liede seiner Zeitgenossen,

zusammengestellt

von

Prof. A. Späth.

〜〜〜〜〜〜

Reading, Pa.:
Verlag der Pilger-Buchhandlung.
1883.

Vorrede.

—

Luther, der geistgesalbte Sänger des sechs=
zehnten Jahrhunderts, ist auch in der
Reformationszeit schon selbst viel besungen
worden. Aus der reichen Zahl von Liedern,
die seine Zeitgenossen ihm zu Ehren an=
stimmten, wird hier, als ein bescheidener Bei=
trag zum Luther=Jubiläum, eine kleine Aus=
wahl zusammengestellt. Sie soll Martin
Luther im Lied seiner Zeitgenossen
uns vor Augen führen. Es wird uns ja in
diesem Jubeljahr Alles neu und wichtig, was
jene große Zeit des reformatorischen Er=
wachens lebendig nahe bringt. Und dazu
dienen gewiß auch die Lieder, welche aus allen
Büschen und Zweigen der „Wittenbergischen
Nachtigall" entgegengejauchzt oder um sie ge=
klagt haben. Hans Sachs, der biedre Nürn=
berger Meister, führt den Reigen an in „wun=
niglichem" Jubelton; Johann Walther,
der treuherzige Cantor und Hausfreund
Luthers, schließt ihn mit seinem ernsten, herz=
andringenden Mahnruf zur Buße.
Die Verse mögen uns wohl manchmal

etwas ungelenk, ja holperig erscheinen und die
Sprache nicht immer gewählt. Aber es sind
treuherzige, einfältige, körnige Zeugnisse von
dem, was jenes Geschlecht in Luther schaute
und an ihm hatte.

Obenan blitzt uns entgegen der gesunde,
entschiedene Haß wider den Pabst, den einst
Luther im Angesicht des Todes den Seinen
mit Gottes Segen gewünscht. Das Verderben
der Kirche wird mit ungeschminkter Wahrheit
an den Pranger gestellt, oft in so derber Weise,
daß wir uns scheuen, die stärksten Stellen wie=
derzugeben. Ueberall sehen wir das Bild des
Löwen, der die Schafe zerreißt und „ver=
schlicket.“ „Die Wahrheit ist erschlagen, das
war des Luthers Klag.“ „Der päbstisch Wolf
umschleicht den Stall, nach Ablaß hungert ihn
gar sehr! Der Deutschen Geld hat er nicht
mehr, drum ist er wild, gleichwie ein Löw im
Wald herbrüllt.“

Wenn neuerdings eine raffinirt=römische
„Geschichte des deutschen Volks“*) von Werk=
heiligkeit, verkehrter Verehrung der Heiligen,
mißbräuchlicher Lehre über den Ablaß und
dgl. „nirgends eine Spur“ in jener Zeit finden
will, so mögen vielleicht manche der hier zu=
sammengestellten Verse als Zeugniß aus dem
Munde der Zeitgenossen, solcher Geschichtsklit=

---

*) Joh. Jansen, Geschichte des deutschen Volks.

terung gegenüber, eine besondere Bedeutung
beanspruchen. —

Eine aufrichtige herzhafte freude an
Luther und ein dankbares, staunendes Em=
porschaun zu dem Helden, den Gott der Herr
seinen Deutschen und seiner Kirche gegeben, ist
ein andrer Zug, der uns in diesen Liedern ent=
gegentritt. Schon im Jahr 1523 heißt er bei
dem Eßlinger Michael Stiefel „der Engel der
Offenbarung Johnnnis." Er ist „der Deut=
schen wahrer Prophet," „den Christen gottwill=
kommen," „ein kühner Mann der ein groß
Spiel hat gefangen an." Das deutsche Na=
tionalgefühl hebt sich mächtig im Blick auf den
Mönch, der es gewagt hat, den wälschen
Machthabern zu trutzen: „die Deutschen sind
lang Narren gsein, jetzt hat sie Gott durch sei=
nen Schein erleucht't, daß sie den Antichrist er=
kennen." „Den Deutschen wünscht er Gnad
von Gott, daß sie vertreiben die wölfisch Rott."
Hell klingt der Wächter=Ruf von der Zinne:
„Wacht auf, zu Hand! es scheinet die Sonne
ins deutsche Land." Die alte Oster=Leise mit
der das deutsche Volk Jahrhunderte lang an
seine Kerkerthür geklopft hatte: „Christ ist
erstanden" wird, wie von selbst, zum Refor=
mations=Ruf: „Das Gottswort ist vorhanden,
dadurch der Endchrist wird zerstört und wir all
von Gott gelehrt. Alleluja." „Unsre Augen
sehen jetzt klar Jesum, der uns verborgen war."

Im Blick auf Luthers Abschied von hinnen wird mit froher Gewißheit sein friedlich, selig Hinfahren bezeugt und in kindlichem Glauben die Zuversicht ausgesprochen: „Ob er wohl von uns genommen, der liebe Herr Jesus Christ uns noch andre geben kann."
Während so auf der einen Seite gerühmt und gepreist wird, was der Herr durch seinen Luther der Christenheit geschenkt, wird auf der andern Seite demüthig bekannt, daß die Gnade Gottes von Vielen verachtet werde, daß die Frucht des Evangeliums ausbleibe, und es ergeht mit gewaltigem Ernste der Ruf zur Buße, theilweise mit offenbarem Anklang an Luthers eigene Worte: „Thut ihr verachten solches Licht, fürwahr, euch wie den Juden geschicht!" „Thut Buß, ihr Deutschen, wenn es ist Zeit, schlaft nicht zu fest, der göttlich Schein am Himmel glast." „Das göttlich Wort halt nicht im Mund, sondern allein im Herzensgrund." „Beschließ es tief, bewahr es fest, auf daß es Früchte bring zuletzt!" — Am ergreifendsten wird dieser Buß- und Mahn-Ton von Johann Walther und von Ludwig Helmbold in den Jahrzehnten nach Luthers Tod angeschlagen. Diese Seite an den hier vorgelegten Liedern darf gewiß auch in unsern Tagen Anspruch machen, bei Hirten und Heerden ein offenes Ohr zu finden, wenn anders das Jubeljahr bleibende Frucht

bei uns schaffen soll. „Ach Gott, wie jetzt der
Wagen geht, darf Keiner nicht viel fragen:
man siehet wohl, wie's jetzund steht, was from=
me Christen klagen: ist Niemand, der den
Wagen richt, recht lenket oder führet, man
hilft ihm nicht, ob er zerbricht, kein Fuhr=
mann wird gespüret."

A. S.

Inhalt.

Die Wittenbergisch Nachtigall.

Allen Liebhabern evangelischer Wahrheit wünsch ich, Hans
Sachs, Schuhmacher, Gnad und Fried in
Christo Jesu, unserm Herrn.

Wacht auf, es nahet gen dem Tag,
      ich hör singen im grünen Hag
ein wunnigliche Nachtigall,
ihr Stimm durchklinget Berg und Thal;
die Nacht neigt sich gen Occident,
der Tag geht auf von Orient,
die rothbrünstige Morgenröth
her durch die trüben Wolken geht,
daraus die lichte Sonn thut blicken,
des Mondes Schein thut sie verdrücken,
der ist jetzt worden bleich und finster,
der vor mit seinem falschen Glinster
die ganze Heerd Schaf hat geblendt,
daß sie sich haben abgewendt
von ihrem Hirten und der Weid
und haben sie verlassen beid,

sind gangen nach des Mondes Schein
in die Wildniß den Holzweg ein,
haben gehört des Löwen Stimm
und sind auch nachgefolget ihm,
der sie geführet hat mit Liste
ganz weit abwegs tief in die Wüste;
da habens ihr süß Weib verlorn,
hant gessen Unkraut, Distel, Dorn,
auch legt ihn' der Löw Strick verborgen,
darin die Schaf fielen mit Sorgen,
da sie der Löw dann fand verstricket,
zerriß er sie; darnach verschlicket.
Zu solcher Hut haben geholfen
ein ganzer Hauf reißender Wolfen,
haben die elend Heerd besessen
mit Scheren, Melken, Schinden, Fressen;
auch lagen viel Schlangen im Gras,
sogen die Schaf ohn Unterlaß
durch alle Glied bis auf das Mark,
des wurden die Schaf dürr und arg
durch aus und aus die lange Nacht,
und sind auch allererst erwacht,
so die Nachtigall hell singet
und des Tages Gelänz *) her bringet,
der den Löwen zu kennen geyt, **)
die Wölf und auch die falsche Weib;
des ist der grimmig Löw erwacht,
er lauert und ist ungeschlacht

---

*) Glanz. **) gibt.

über der Nachtigall Gesang,
daß sie meldt der Sonnen Aufgang,
davon sein Königreich End nimmt;
des ist der grimmig Löw ergrimmt,
stellt der Nachtigall nach dem Leben
mit List vor ihr, hinten und neben,
aber ihr kann er nicht ergreifen,
im Hag kann sie sich wohl verschleifen *)
und singet fröhlich für und für.
Nun hat der Löw viel wilder Thier,
die wider die Nachtigall blecken:
Waldesel, Schwein, Böck, Katz und Schnecken,
aber ihr Heulen ist Alles fel, **)
die Nachtigall singt ihn' zu hell,
und thut sie all ernieder legen;
auch thut das Schlangen=Zücht sich regen,
es wispelt sehr und widersicht,
und fürchtet sehr des Tages Licht.
Ihn' will entgehn die elend Heerd,
davon sie sich haben genährt
die lange Nacht und wohl gemäst,
loben, der Löw sei noch der best,
seine Weib sei süße und gut,
wünschen der Nachtigall die Glut;
deßgleichen die Frösch auch quacken
hin und wieder in ihren Lacken
über der Nachtigall Getön,
wenn ihr Wasser will ihn' entgehn;

---

*) verschlüpfen. **) umsonst.

die wilden Gäns auch schrein Gagag
wider den hellen, lichten Tag,
und schreien in Gemeine all:
„Was singet Neus die Nachtigall?
Verkündet uns des Tages Wonn
als *) macht allein fruchtbar die Sonn,
und verachtet des Mondes Glest; **)
sie schwieg wohl still in ihrem Nest,
macht kein Aufruhr unter den Schafen,
man sollte sie mit Feuer strafen!"

Doch ist dies Mordgschrei alls umsonst;
es leuchtet her des Tages Prunst,
und singt die Nachtigall so klar,
und sehr viel Schaf an dieser Schar
kehren wieder aus dieser Wilde
zu ihrer Weid und Hirten milde;
etlich melden den Tag mit Schall
in Maaß †) recht wie die Nachtigall.
Gegen den' die Wölf ihr Zähn thun blecken,
jagen sie in die Do. nenhecken
und martern sie bis auf das Blut
und drohen ihn' bei Feuers Glut
sie sollen von dem Tage schweigen,
so thun sie in die Sonne zeigen,
der' Schein Niemand verbergen kann.

Nun daß ihr klarer möcht verstan,
wer die lieblich Nachtigall sei,

---

*) Orig. sam. **) Glanz. †) gerade.

die uns den hellen Tag ausschrei,
ist Doctor Martinus Luther
zu Wittenberg Augustiner,
der uns aufweckt von der Nacht,
darein der Mondschein uns hat bracht.
Der Mondschein deut' die Menschenlehr
der Sophisten hin und her,
innerhalb der vierhundert Jahren,
die sind nach ihr' Vernunft gefahren,
und hant uns abgeführet fern
von der evangelischen Lehr
unseres Hirten Jesu Christ
hin zu dem Löwen in die Wüst.
Der Löwe wird der Pabst genannt,
die Wüst das geistlich Regiment,
darin er uns hat weit verführt
auf Menschen=Fund als man jetzt spürt,
damit er uns geweidet hat;
Deut den Gottsdienst, der jetzund geht
in vollem Schwang auf ganzer Erden,
mit Mönch, Nonnen und Pfaffen werden,
mit Kutten tragen, Kopf bescheren,
[bei] Tag und Nacht in Kirchen plärren
Metten, Prim, Terz, Vesper, Complet,
mit Wachen, Fasten, langen Gbet,
mit Gertenhauen, kreuzweis liegen,
mit knieen, neigen, bucken, biegen,
mit Glocken läuten, Orgel schlagen,
mit Heilthum, Kerzen, Fahnen tragen,
mit Räuchern und mit Glocken taufen,

mit Lampen schüren, Gnad verkaufen,
mit Kerzen, Wachs, Salz, Wasserweichen;
und dessen Gleichen auch die Luien,
mit Opfern und den Lichtlein brennen,
mit Walfahrt und den Heilgen dienen,
den Abend fasten, den Tag feiern,
und beichten nach der alten Leier,
mit Bruderschaft und Rosenkränzen,
mit Ablaß lesen, Kirchen schwänzen,
mit Pacem küssen, Heilthum schauen,
mit Meß stiften und Kirchen bauen,
mit großem Kost die Altar zieren,
Tafel auf die wälschen Manieren,
sammtne Meßgwand und Kelche gülden,
mit Monstranzen und silbern Bilden,
in Klöster schaffen Rent und Zins;
dies Alles heißt der Pabst Gottdienst,
spricht: Man verdient damit den Himmel
und lös mit ab der Sünden Schimmel; —
ist doch Alls in der Schrift ungründt;
eitl Gedicht und Menschen=Fund,
darin Gott kein Gefallen hat;
Matthäi am fünfzehnten steht:
Vergebenlich dienen sie mir
in den Menschen=Gesetzen ihr';
auch so wird ein jegliche Pflanz
vertilgt und ausgereutet ganz,
die mein Vater nit gepflanzt hat.
Hör zu, du ganz geistlicher Staat,
wo bleibst mit dein erdichten Werken?

Nun laßt uns auf die Mordstück merken,
bedeuten uns des Pabstes Netz,
sein Decretal, Gebot und Gsetz,
damit er die Schaf Christi zwinget
mit Bann, der zu der Beicht uns bringet,
all Jahr zum Sacrament zu gehn,
verbeut das Blut Christi beim Bann,
gebeut bei dem Bann, alle Jahr
zu fasten vierzig Tag fürwahr,
sonst viel Tag und vier Quatember,
auch zu meiden Fleisch und Eier;
zu feiern viel Tag er gebeut,
verbeut etlich Tag die Hochzeit,
Gevaterschaft und etlich Grad.
Zu heirathen er verboten hat
Mönch und Pfaffen bei dem Bann
doch mögen sie wohl Huren han;
frommen Leuten ihr' Kinder letzen, *)
und fremde Ehweiber einsetzen.
Unzahl hat der Pabst solch Gebot,
der doch keins hat geboten Gott;
jagt die Brut in Abgrund der Höll
zu dem Teufel mit Leib und Seel.
Paulus hat ihn gezeiget an
am Vierten zu Timotheum,
und spricht: der Geist saget deutlich,
daß zu den letzten Zeiten sich
etlich vom Glauben werden treten

*) verderben.

und anhangen des Teufels Räthen,
werden Leuten die Eh verbieten
und etlich Speis, die Gott durch Güte
geschaffen hat mit Danksagung;
Ich mein, das sei ja klar genung.

Nun laßt uns schauen nach den Wolfen,
die dem Pabst han dazu geholfen,
zu führen solche Thrannei,
Bischof, Probst, Pfarrer und Abtei,
all Prälaten und Seelsorger,
die uns vorsagen Menschenlehr,
und das Wort Gottes unterbrücken,
kommen mit vorgemalten Stücken,
und wenn mans bei dem Licht besicht,
ist es Alls auf das Geld gericht.
Man muß Geld geben von dem Taufen,
die Firmung muß man von ihn' kaufen,
zu beichten muß man geben Geld,
die Meß man auch um Geld bestellt,
das Sacrament muß man ihn' zahlen,
hat man Hochzeit, man geit ihn' allen,
stirbt eins, um Geld sie es besingen,
wers nit will thun, den thun sie zwingen,
und sollt es einen Rock verkaufen.
Also sie uns die Woll ausraufen
und was sie lang ersimonieren, *)
sie wieder um Wucher hinleihen:

---

*) Durch Simonie erwerben.

von zweinz Gulden ein Malter Korn,
ich mein, das heißt die Schaf geſchorn;
auch wie hart ſie das Volk maul=banden
mit den Zehnten auf den Landen;
da man mit ihn' des Herrgotts ſpielt,
wie man ſie bannet um die Gilt,
und ſie mit Lichten thut verſchlißen,
die armen Bauern frohnen müſſen,
daß die ſtarken Schindfeſſel *) feiern,
halb Zeit in dem Wirthshaus umleiern.
Viel Opfer muß man ihn' auch reichen,
und den Meßpfennig desgleichen,
und dazu an den Feiertagen
laſſen ſie Geldtäflein 'rum tragen,
all Kirchweih ſie nach Geld auch dichten,
ein Jahrmarkt mit Heilthum aufrichten,
dabei ſie Ablaß=Bullen haben;
Geldſtöck laſſen ſie in Kirchen graben,
alſo richt man dem armen Volke.
Das heißt die Schaf Chriſti gemolken.
Auch kommen Stationirer,
Antonier, Valentiner,
die ſagen viel erlogner Wort,
das ſie geſehen hier und dort,
beſtreichen Frauen unde Mann
mit eim vergülbten Eſelszahn,
und erſchinden auch Geldes Kraft,
ſchreiben lernt ihn' ihr Bruderſchaft,

---

*) Schinder.

holen die Zins all jährlich Jahr.
Darnach kommt ein ehrsame Schar,
heißt man zu deutsch die Romanisten,
mit großem Ablaß, Bullen, Kisten,
richten auf rothe Kreuz und Fahnen
und schreien zu Frauen und Mannen:
Legt ein, gebt euer Hilf und Steur,
und löst die Seel aus dem Fegfeur!
Bald der Gulden im Kasten klinget,
die Seel sich auf gen Himmel schwinget;
wer unrecht Gut hat in seim Gwalt,
dem helfen sie es ab gar bald.
Auch gebens Brief für Schuld und Pein,
da legt man ihn zu Gulden ein.
Der Schalkstrick sind so mancherlei,
das heißt mir römisch Schinderei.

Fürbaß merket von den Bischöfen,
wie es zugeh an ihren Höfen
mit Notaren, Offiziellen,
mit Citat=Schreibern und Pedellen,
mit ihrem falsch geistlichen Recht,
wie man da schindet Mägd und Knecht,
auch wie man da zerreiß die Ehe,
und nimmet Geld und andres mehr,
und nöthigt sie auch zusamm zu globen;
auch wie sie mit den Leuten toben,
die man zu ihn' jagt in der Beicht,
die etwan gessen hant vielleicht
Fleisch oder Eier in den Fasten;

das thun ſie alſo ſcharf antaſten,
als hätt Einer ein Mord gethan;
auch wie ſie umgehn mit dem Bann
wie ſie ihn b'ſchweren und vermauren
auch wie das arme Volk ſie b'ſteuern.
Auch mit dem Wild und dem Gejeid
thun ſie ihn' ſchaden am Getreid,
halten Räuber in ihren Flecken,
die rauben, morden, ſtöcken, pflöcken.
Auch führen Biſchöf Krieg mit Trutz,
vergießen viel chriſtlichen Bluts,
machen elend Wittwen und Waiſen,
Dörfer verbrennen, Städt zerreißen,
die Leut verderben, ſchätzen, preſſen;
ich mein, das heiß die Schaf gefreſſen.
Chriſtus ſolch Wölf verkündet hat,
Matthäi am ſiebenten es ſteht:
Seht euch für vor falſchen Propheten,
die in Schafkleidern hereintreten,
inwendig reißend Wölf ers nennet,
an ihren Früchten ſie erkennet;
Marci am Zwölften ers erklärte,
ſpricht: haben auch die Schriftgelehrten
die gern gehn in langen Kleidern
und laſſen ſie auch grüßen gern
am Markt und Gaſſen, wo ſie ſtehn,
und ſitzen gerne oben an
in Schulen und auch ob dem Eſſen,
den Wittwen ſie ihr Häuſer freſſen,
und wenden vor lange Gebet,

barum so werden sie, versteht,
besto mehr in Verdammniß fallen.
O wie thut hier Christus abmalen
unsrer Geistlichen gottlos Wesen,
als wär er jetzt bei ihn' gewesen;
babei kennt man sie unter Augen
die Schlangen, so die Schäflein saugen,
sind Mönch und Nonnen, der faul Haufen,
die ihre gute Werk verkaufen
um Geld, Käs, Eier, Licht und Schmalz,
um Hühner, Fleisch, Wein, Korn [und] Salz,
damit sie in dem Vollen leben
und sammeln auch viel Schätz daneben.
Viel neuer Fünd sie stets erbichten,
Gebet und Bruderschaft aufrichten,
viel Traumgesicht und kindisch Bet,
das ihn' der Pabst dann Alls bestät [igt]
nimmt Geld und gibt Ablaß dazu,
das schreiens dann aus spat und fruh.
Mit solcher Fabel und Abweis
hant sie uns geführt auf das Eis,
daß wir das Wort Gottes verließen
und nur thäten, was sie uns hießen,
viel Werk, der Gott doch keins begehrt;
hant uns den Glauben nie erklärt
in Christo, der uns selig macht.
Dieser Mangel bedeut die Nacht,
darin wir Alle irr sind gangen.

Also hant uns die Wölf und Schlangen

bis in das vierthalb hundert Jahr
behalten in ihr' Hut fürwahr,
und mit des Pabsts Gewalt umtrieben,
bis Doctor Martin hat geschrieben
wider der Geistlichen Mißbrauch,
und wiederum aufdecket auch
das Wort Gottes, die heilig Schrift
er mündlich und schriftlich ausrifft,
in vier Jahren bei hundert Stucken
in deutscher Sprach und läßt sie drucken.

Daß man versteh, was er thut lehren,
will ich kürzlich ein wenig erklären.
Gottes Gesetz und die Propheten
bedeuten uns die Morgenröthen,
darin zeigt Luther, daß wir all
Miterben sind von Adams Fall
und böser Begier und Neigung,
deshalb kein Mensch dem Gsetz thu genung;
hält mans schon auswendig im Schein,
so ist doch unser Herz unrein
und zu allen Sünden geneiget,
das Moses ganz klärlich anzeiget;
nun seit das Herz denn ist vermeylet *)
und Gott nach dem Herzen vertheilet,
so sind wir all Kinder des Zorns,
verflucht, verdammet und verlorn;
wer solches im Herzen empfindt,

---

*) befleckt.

ben nagn und beißen seine Sünd
mit Trauern, Angst, Furcht, Schrecken, Leid,
und erkennt sein Unmöglichkeit;
dann wird der Mensch demüthig ganz,
so bringet her des Tages Glanz,
bedeut das Evangelium,
das zeiget dem Menschen Christum
den eingebornen Gottessohn,
der alle Ding für uns gethan,
das Gsetz erfüllt mit eignem Gwalt,
den Fluch vertilgt, die Sünd bezahlt,
und den ewgen Tod überwunden,
die Höll zerstört, den Teufel bunden,
und uns bei Gott erworben Gnad,
als Johannes gezeiget hat,
und Christus ein Lamm Gotts verkündt,
das hin nimmt aller Welte Sünd;
auch spricht Christus: er sei nit kommen
auf Erd den Gerechten und Frommen,
sondern den Sündern; er auch spricht:
der Gsund bedürf keins Arztes nicht;
auch Johannis am Dritten meldt:
Gott hat so lieb gehabt die Welt,
daß er gab seinen eingen Sohn;
all die an ihn nun glauben thun,
dieselben sollen nit verderben,
noch des ewigen Todes sterben,
sondern haben das ewig Leben.
Auch spricht Christus am elften eben:
[ein jeder] welcher glaubt in mich,

der wird nicht sterben ewiglich.
So nun der Mensch solch tröstlich Wort
von Jesu Christo sagen hört,
und das [dann] glaubt und darauf baut
und den Worten von Herzen traut,
die ihm Christus hat zugesagt,
und sich ohn Zweifel darauf wagt,
derselb Mensch neu geboren heißt
aus dem Feuer und heiligen Geist,
und wird von allen Sünden rein,
lebt in dem Wort Gottes allein,
von dem ihn auch nit reißen könnte
weder Höll, Teufel, Tod noch Sünde.
Wer also ist im Geist verneut,
der dient Gott im Geist und Wahrheit.
Das ist, daß er Gott herzlich liebt,
und sich ihm ganz und gar ergibt,
hält ihn für ein gnädigen Gott
in Trübsal, Leid, in Angst und Noth
er sich Alls Guts zu Gott versicht;
Gott geb, Gott nehm, und was geschicht,
ist er willig und Trostes voll,
und zweifelt nit Gott woll ihm wohl
durch Jesum Christum seinen Sohn,
der ist sein Fried, Ruh, Freud und Wonn,
und bleibt auch sein einiger Trost.
Wem solcher Glaube ist genost, *)
derselbig Mensch, der ist schon selig

---

*) angeeignet.

all seine Werk sind Gott gefällig,
er schlaf, er trink oder arbeit;
solcher Glaube sich dann ausbreit
zu dem Nächsten mit wahrer Liebe,
daß er kein Menschen thut betrüben,
sondern übt sich zu aller Zeit
in Werken der Barmherzigkeit,
thut jedermann herzlich alls Guts,
aus freier Lieb sucht seinen Nutz
mit Rathen, Helfen, Geben, Leihen,
mit Lehren, Strafen, Schuldverzeihen;
thut jedem, wie er selbst auch wollt,
daß ihm von ihm geschehen sollt.
Solchs wirkt in ihm der heilig Geist.
Also das Gsetz erfüllet heißt
Christus Matthäi am siebenten,
hie merkt, daß dieses allein sind
die wahren christlich guten Werk.
Daß man aber hie fleißig merk,
daß sie zur Seligkeit nit bien'n,
die Seligkeit hat man vorhin
durch diesen Glauben an Christum.

Dies ist die Lehr, kurz in der Summ,
die Luther hat an Tag gebracht.
Des ist Leo der Papst erwacht,
und schmecket gar bald diesen Braten,
fürcht, ihm entgingen die Annaten *)

————

*) Jahrgelder.

und würd ihm das Pabst=Monat lahm,
darin er zeucht die Pfründ gen Rom;
auch wird man sein Ablaß nim[mer] kaufen
und niemand gen Rom Walfahrt laufen,
wird nimmer können schätzen Geld,
wird auch nim[mer] sein ein Herr der Welt;
man wird nim[mer] halten sein Gebot,
sein Regiment ist ab und todt,
so man die rechte Wahrheit wüßt;
drum brauchet er schwinder List,
hätt die Wahrheit [gar] gern verdrücket
und bald zu Herzog Friedrich schicket,
daß er die Bücher brennt mit Nam,
und ihn' den Luther schickt gen Rom;
jedoch sein Kurfürstliche Gnad
Christus ob ihm gehalten hat,
zu beschützen das Gottes Wort,
das er dann merket, prüft und hört.
Da dem Pabst dieser Griff was fehl,*)
schickt er nach ihm gen Augsburg schnell;
der Cardinal bot ihm zu schweigen
und konnt ihm doch mit Schrift nit zeigen
klärlich, daß Luther hat geirrt.
Da dem Pabst dies auch nit gieng fürt, **)
thät er den Luther in den Bann
und alle, die ihm hiengen an
ohn all Verhör, Schrift und Probir;
doch schrieb Luther nur für und für

---

*) da ihm dieser Griff fehlgeschlagen. **) von
Statten, vorwärts.

und ließ sich diese Bull nicht irren.
[Nun] thät der Kaiser ihn citiren
auf den Reichstag hinab gen Worms
da erlitt Luther viel des Sturms;
kurzum er sollt nur revociren
und wollt doch niemand disputiren
mit ihm und ihn zum Ketzer machen;
des blieb er b'ständig in den Sachen
und gar kein Wort nit widerruft,
denn es war ja all sein Geschrift
evangelisch, apostolisch.
Des schied er ab fröhlich und frisch
und ließ sich kein Mandat abschrecken.

Das wilde Schwein deut' Doctor Ecken,
der vor zu Leipzig widr ihn focht
und viel grober Säu davon bracht;
der Bock bedeutet den Emser,
der ist aller Nonnen Klöster,
so bedeut't die Katz den Murner, *)
des Pabstes Mauser, Wächter, Thurner;
der Waldesel den Barfüßer,
zu Leipzig den groben Lesmeister
so deut' der Schneck den Cocleum; **)
die fünf und sonst viel in der Sum
hant lang wider Lutherum gschrieben,
die hat er alle von ihm trieben,

—————

*) Thomas Murner von Straßburg.
**) Cochläus, Luthers Gegner, ein römischer Theologe.

denn ihr Schreiben hatt keinen Grund,
nur auf langer Gewohnheit stund,
und konnten nichts mit Schrift probiren,
so thät Luther stets Schrift einführen,
daß es ein Bauer merken möcht,
daß Luthers Lehr sei gut und recht.
Des wurden sie sieglos und unsinnig.

Nun die Schlangen, Nonnen nnd Mönch
wollen ihr Menschen=Fünd vertheidgen
und schreien laut an ihren Predger:
„Luther sagts Evangelium,
hat er auch Brief und Siegel drum,
daß Evangelium wahr sei?
Luther richt auf neu Ketzerei;
o liebs Volk, laßt euch nicht verführen
die römisch Kirch die kann nit irren,
thut gute Werk, hält Pabstgebot,
stift' und opfert, es gefällt Gott;
laßt Meß lesen, es kommt zu Steur
den armen Seeln in dem Fegfeur;
dient den Heilgen und ruft sie an,
thut fleißig gen Vesper=Complet gehn,
die Zeit ist kurz, ein jedes merke.
Macht euch theilhaftig unsrer Werke,
wir singen, schreien oft mit Kraft,
so ihr daheime liegt und schlaft.“

•

Des wahren Gottsdiensts thun sie schweigen,
tanzen nach ihrer alten Geigen,

und thun sich schmeicheln um die Laien.
Ihr Weinkeller will ihn' versehen, *)
ihr' Kornböden werden leer,
man will ihn' nimmer tragen her,
haben doch willig Armut g'lobt;
jetzt sieht man wie ihr Haufen tobt,
so ihn' abgeht in ihren Kuchen,
wie sie den Luther schmähen, fluchen
ein' Erzketzer, Schalk und Böswicht,
gibt sich doch Keiner an das Licht,
thun nur unter den Hütlein stechen,
schreien, samb wöllen sie zubrechen,
wo sie bei ihren Nonnen sitzen;
und machen auch, daß sie erhitzen
wider das Evangelium,
wie man jetzt spüret um und um.

Die Frösch quacken in ihren Hulen, **)
bedeutn etlich hohe Schulen,
die auch wider Lutherum plären,
und das ohn alle Schrift bewähren;
das Evangelium thut ihn' weh,
ihr heidnisch Kunst gilt nit, als eh, †)
damit all Doctor sind gelehrt,
die uns die Schrift haben verkehrt
mit ihrer heidenischen Kunst.

Auch tragen dem Luther Ungunst

---

*) versagen.   **) Löchern; holes.   †) wie früher.

die Wildgäns, deuten uns die Laien,
die ihn verfluchen und verspeien:
„Was will der Mönch [denn] Neues lehren
und die ganz Christenheit verkehren?
Unser gut Werk thut er verhöhnen,
will, man soll den Heilgen nicht bienen;
zu Gott allein wollen wir gelfen, *)
kein Creatur mög uns gehelfen.
Unser Walfahrt er auch abstellt,
von Fasten, Feiern er nicht viel hält,
wie wirs lang hant gehabt im Brauch,
desgleich von Kirchen=Stiften auch.
Die Orden heißt er Menschen=Fünd;
auch schreibt Luther, es sei kein Sünd,
denn was uns hab verboten Gott,
veracht damit des Pabsts Gebot,
römischen Ablaß auch veracht,
spricht: Christus hab uns selig gmacht;
wer das glaubt, der hab genug.
Ich mein, der Mönch sei nit klug,
denkt nit, es sein vor Leut gewesen,
die auch haben die Schrift gelesen;
unsre Eltern, die vor uns waren,
sind ja auch nit gewesen Narren,
die solche Ding uns han gelehrt,
hat etlich hundert Jahr gewährt,
sollten die alle han geirret,
und uns mitsammt ihn' han verwirret;

---

*) seufzen, schreien.

das woll Gott nit, das will ich treiben
und in meim alten Glauben bleiben.
Luther schreibt seltsam Abenteuer,
man sollt ihn werfen in ein Feuer,
ihn und all sein Anhang vertreiben.''
Dies hört man viel von alten Weibern,
von zwölf Nonnen und alten Mannen,
die das Evangelium anzannen *)
verachten es in tollem Sinn
und steht doch unser Heil darin.
Doch hilft alls Widerbellen nicht,
die Wahrheit ist kommen ans Licht;
deshalb die Christen wiederkehren
zu den evangelischen Lehren
unseres Hirten Jesu Christ,
der unser aller Erlöser ist.
Der Glaub allein uns selig macht,
des sind all Menschen=Fünd veracht
und die Päbstling=Gebot vernicht
für Lügen und Menschengedicht,
und hangen nur an Gottes Wort,
das man jetzt hört an manchem Ort
von manchem christenlichem Mann.
Nun nehmen sich die Bischöf an
mitsammt etlichen weltlich Fürsten,
die auch nach Christenblut thut bürsten,
lassen solche Prediger fahen
in Gfängniß und in Eisen schlagen,

---

*) die Zähne dagegen blöcken.

und sie zu Widerrufen bringen,
ihn' auch ein Lied vom Feuer singen,
daß sie möchten an Gott verzagen,
das heißt die Schaf in d' Hecken jagen;
der thut man viel heimlich verlieren,
so sie gleich ihre Lehr probiren,
eins Theils bleiben im Eisen=Band,
eins Theils verjagt man aus dem Land;
Luthers Schriften man auch verbrennt
und verbeut sie an manchem End
bei Leib und Gut und bei dem Kopf,
wen man ergreift, der läßt den Schopf,
oder jagt ihn von Weib und Kind;
das ist des Endchrists Hofgesind.
Christus das Alls verkündet hat,
Matthäi am zehnten es steht:
Nehmt wahr, ich send euch wie Schaf aus
mitten unter der Wölfe Hauf,
darum seid wie die Schlangen klug
und wie die Tauben ohn Betrug
und hüt euch vor den Menschen hie;
werdn euch überantworten je
für ihre Rathhäuser, und dann
euch geißeln in ihren Schulen,
und werden auch vor Fürsten, Kynge *)
um meinetwilln gefangen bringen,
dann sorgt nichts, was ihr reden wollt,
es wird euch 'geben, was ihr sollt

---

*) Könige, kings.

reden, durch eures Vaters Geist.
Ein Freund gen andern wird erbost
und ihm den Tod anhelfen thun;
ihr werdet gehaßt von Jedermann
um meines Namens Willen heilig,
wer an das End verharrt, wird selig;
verfolgt man euch in einer Stadt,
so zieht in eine andre tratt. *)
Auch kommt die Zeit, und wer euch töbt'
wird mein'n, er biene damit Gott;
fürcht die nit, die euch den Leib tödten,
der Seel können sie nit genöthen.
Ihr Christen merkt die tröstlich Wort,
so man euch fecht hier oder dort,
Laßt euch kein Tyrannei abtreiben,
thut bei dem Worte Gottes bleiben,
verlasset eh Leib unde Gut,
es wird noch schreien Abels Blut
über Cain am jüngsten Tag;
laßt morden, was nun morden mag,
es wird doch kommen an das End
des wahren Endchrists Regiment.
Apokalypsis steht es hell
am achtzehnten Kapitel,
schreit der Engel mit lautem Schallen
zweimal: Babylon ist gefallen,
ein Behausung der Teufel worbn,
dann von dem Wein des grimmen Zorns

---

*) alsbald, stracks.

ihr' Unkeusch hant all Heidentrunken
in ihrem Unkeusch sind versunken
König und Fürsten dieser Erden,
auch ihre Kaufleut ganz reich werden,
handiren mit der Menschen Seelen.
Darnach weiter thut er erzählen,
und ein andre Stimm hört ich schier:
Mein liebes Volk geh aus von ihr,
denn ihr Sünd ist vor Gott aufkommen,
der hat ihrs Frevels wahrgenommen,
zahlt sie, wie sie euch hat bezahlt
und widergeltet ihr zwiefalt,
denn sie spricht ja in ihrem Herzen:
Ich sitz ein Königin ohn Schmerzen
und ist sicher in ihrem Dünken
und von der Heilgen Blut ganz trunken.
Darum so werden ihre Plag
zusamm kommen auf einen Tag;
der todt leit Hungers alles ant,
und mit Feuer wird sie verbrannt.
Denn wahrlich stark ist Gott der Herr,
der sie wird richten, nun hört mehr.
Daniel an dem neunten meldt
und alle Wahrzeichen erzählt,
daß man ganz klärlich mag verston,
das Pabstthum deut' das Babylon,
von dem Johannes hat gesagt;
darum ihr Christen, wo ihr seid,
kehrt wieder aus des Pabstes Wüste
zu unserm Hirten Jesu Christe;

derselbig ist ein guter Hirt,
hat sein Lieb mit dem Tod probirt,
durch den wir alle sind erlöst,
der ist unser einiger Trost
und unser einige Hoffnung,
Gerechtigkeit und Seligung,
all die glauben in seinen Namen,
wer das begehrt, der spreche: Amen.

Hans Sachs, 8. Juli 1523.

Das Titelblatt des Originaldrucks (in Königs Literaturgeschichte
in Facsimile reproducirt) enthält einen rohen Holzschnitt, der alle die
im Gedichte vorkommenden Figuren darstellt von der Sonne und der
Nachtigall bis zu den Fröschen in ihren „Hulen.“ Der hier gegebene
Text ist nach Ottmar J. H. Schönhuts Ausgabe vom Jahr 1846, die
durch die Freundlichkeit von Professor R. E. Thompson, (University
of Pennsylvania) in meine Hände gelangt ist.

Lobt Gott ihr frommen Christen.

(In der Weise: Gott grüß dich Bruder Veite.)

Lobt Gott, ihr frommen Christen,
freut euch und jubilirt
mit David, dem Psalmisten,
der vor der Arch hofirt:
   Die Harfen hört man klingen
in deutscher Nation,
darum viel Christen bringen
zum Evangelior.

Von Mitternacht ist kommen
ein evangelisch Mann,
die Schrift hat er vorgnommen,
damit gezeiget an,
 daß viel der frommen Christen
fälschlich verführet sind
durch falsch Lehr der Sophisten
und ihre Wechsel=Kind,

Die jetzund grimmig schreien,
Wenn s' auf der Kanzel stehn:
„Mord über die Ketzereien!
der Glaub will untergehn!
 des gweihten Wassers Krafte
will Niemand achten mehr,
dazu der Priesterschafte
thut man kein Zucht noch Ehr!

Wer glaubt an Luthers Lehre,
ist ewiglich verdammt!
deßgleichn und andres mehre
schreien sie unverschämt;
 damit viel Christen treiben
vom Evangelion,
die bei dem Scoto*) bleiben
und seiner Opinion.‟

———

*) Scotus, ein berühmter Lehrer der Römischen Kirche
im Mittelalter.

Ihr Gesalbten und Beschornen,
laßt ab von solchem Tand!
Das Recht habt ihr verloren,
seid gewarnet und vermahnt:
　　Gott will jetzt an euch strafen
den Mord und großen Neid,
den ihr mit seinen Schafen
habt trieben ein lange Zeit.

Gar bald wird niederfallen
Mammon, euer Abgott,
und euch Gottlosen allen
zu Schanden und zu Spott!
　　Ihm ist durch Luthers Lehre
genommen all sein Macht:
werdet ihr euch nicht bekehren,
ihr werdet mit ihm verjagt.

Hört zu, ihr lieben Brüder,
all, die gut Christen sind,
zum Fähnlein tracht ein Jeder,
Ehr wolln wir legen ein,
　　die Feind wolln wir angreifen,
ich mein das beschorne Gschlecht.
Man hört die Trommeln und Pfeifen,
her, her ihr lieben Knecht!

Ein jeder soll auch hören,
wer unser Hauptmann ist:

der König aller Ehren,
Unser Herr Jesus Christ!
    Der will uns helfen streiten
In aller unsrer Noth,
jetzt und zu allen Zeiten,
als er versprochen hat.

In Trommeln und in Pfeifen
will Gott kein Gfallen han:
Zu'n Waffen wolln wir greifen,
den Harnisch legen an,
    den Paulus hat geschlagen
in seiner Lieberey,*)
Schild, Helm, Panzer und Kragen,
ein Schwert hängt auch dabei.

Laßt sie nun einher hauen,
das arm, beschoren Gschlecht,
die auf ihr Werk fest bauen
und auf ihr geistlich Recht:
    ihr Gschütz hat nit recht troffen,
war viel zu hoch gericht;
noch eins thun sie verhoffen,
es soll sie helfen nicht:

Mit dem thun sie sich rüsten,
hab ich vernommen wohl:

---

*) Schriften.

der Papst in Jahresfristen
ein Conzil halten soll,
   darin man solle sehen,
ob Luthers Lehr sei wahr:
wie soll dann dem geschehen,
der nicht erlebt das Jahr?

Auf Christum soll er schauen,
der unser Hauptmann ist,
auf seine Wort fest bauen!
kein Lug noch arge List
   in ihm nie ward erfunden
Auch kein Betrüglichkeit!
Wär Luther überwunden,
würd mancher Sophist erfreut.

Nun hab also vor gute
du arm beschorne Sect!
Gott hab in seiner Hute
All, die er hat erweckt
   durch evangelisch Lehre
vom Schlaf der Gleißnerei:
dem Glorie, Preis und Ehre
immer und ewig sei.

Ein Akrostichon auf den Namen Ludwig Heilman (Orig. Hail-
man). Die alte Angabe, daß das Lied aus dem Jahr 1517 komme
und zu Wittenberg mit den Thesen Luthers zugleich gedruckt sei, ist
nicht zuverlässig. Gewiß aber gehört es in das erste Jahrzehnt der
Reformationszeit. Die Form, in welcher unser Sonntagschulbuch
das Lied hat, ist nach Hommel, eine Combination aus diesem und
einem späteren Liede „Christe, freundlicher Ritter" 1583.

Der Engel der Offenbarung.

Von der christförmigen, rechtgegründeten Lehre
Doctoris Martini Luthers,

ein überaus schön künstlich Lied sammt seiner Auslegung.

(Im Bruder Veiten Ton.)

Das erst Theil.

von dem Luther selbst und nachgehends von seiner
Lehre und Schreiben.

Johannes thut uns schreiben
von einem Engel klar,
der Gottes Wort soll treiben
ganz lauter*) offenbar:
zu uns thut sich auch scheiben,
es fehlt nicht um ein Haar,
darauf will ich dann bleiben,
das sag ich euch fürwahr.

Hoch Kunst die läßt er stieben
weit über Berg und Thal,
den Mund will ihm verschieben
zu Rom des Bischofs Saal.
Es schelten ihn, die trieben
die Wölf in Gottes Stall:
hüt dich vor diesen Dieben,
wo sie sind überall.

---

*) Orig. luter.

Du magst nun wohl erkennen
den Engel, den ich mein,
hernach will ich ihn nennen,
die Sach die ist nicht klein.
  Laß dich nicht führn von dannen,
daß er hat Fleisch und Bein:
das findst von heilgen Mannen
und nicht von ihm allein.

Es bedeutet uns das Fliegen
verschmähen zeitlich Gut;
kehr dich nicht an das Lügen,
das man vom Frommen thut:
  er thut sich wahrlich fügen
zu Gott in rechtem Muth,
Gwalt mag ihn auch nicht biegen,
er gäb eh' drum sein Blut.

Sein Herz zu Gott er neiget
recht als ein Christenmann,
die Schrift er rein abseiget,
kein Wust läßt er daran:
  zu Worms er sich erzeiget,
er trat keck auf den Plan,
sein Freund hat er geschweiget,
keinr durft ihn wenden an.

Er läßt sich nicht erschrecken
die scheuen Fledermäus,

sein Lehr thut er vollstrecken
zu Gottes Lob und Preis:
   die Wahrheit thät ihn stärken,
sie macht viel Menschen weiß:
der Baur die Sach will merken,
das mügt Köln und Paris.

Nun grüß ich dich von Herzen,
du edles Wittenberg!
Viel Frommen litten Schmerzen,
gieng es dir überzwerg.
   Erfurt thut gütlich scherzen
mit dir in Gott bequem,
es halt euch als zwo Kerzen
das neu Jerusalem.

Das Licht des Tags kommt wieder,
es bricht daher mit Macht,
der Engel schwingt sein Gfieder,
das Irdisch er veracht,
   er lehrt die Christenglieder
und führt sie von der Nacht
es sei hoch oder nieder,
desselbig er nicht acht.

Sein Stimm die thut er stärken
ohn alles Trügen frei:
   Herr gib, daß ich mög merken,
was dieser Engel schrei.

Zum erſten thut mich ſchrecken
ſein Lehr, was Adam ſei:
das Gſetz thut er entdecken,
groß Furcht erwächſt dabei.

Darauf folgt im zweiten und dritten Theil die Lehre von den zehn
Geboten und vom Glauben mit der Nachſchrift:

Zum Leſer:

Verwundern bringt vielleicht mein Gdicht,
als wär es auf ein Zank gericht,
Entzweiung rechter Chriſtenheit:
vor dem mir Gott gab ſein Geleit,
dem ich die Sach allein heimſtell.
Ein Jeder red recht was er woll,
die Wahrheit liegt am Tag fürwahr,
Wird nicht zerſpaltet um ein Haar.
Iſt Luther denn ein Ketzer hie,
Wer ſchrieb dann recht auf Erden je?
Iſt denn die Schrift falſch, ungerecht,
ſo beſteht wohl ihrer Feind Gebrecht?
Die Schrift iſt aber wahr, ſtät, feſt,
durch Chriſtum ſelbſt ſchön übergläſt,
ſo Lügen ſind all Menſchen=Tand
ohn Schrift, vom Teufel hergeſandt.
Schrift! Schrift! ſchreit Luther überlut
und ſtellt ihr zu Kopf, Hals und Hut:
willſt Luther ſtillen, führ in Schrift,
ſonſt iſt dein Lehren eitel Gift.

Auf der letzten Seite das Bild des Auguſtiner=Mönchs mit den
Worten:

Gebuld hab keine Zeit mit mir,
bis daß ich bring noch mehr herfür
zu Lob Gotts in der Ewigkeit
und dir zu deiner Seligkeit.

Ein späterer Druck bringt noch einen vierten und fünften Theil nach. Darin wird das herrschende Kirchen-Verderben geschildert.

Die Wahrheit ist erschlagen,
das war des Luthers Klag,
drum wollt man ihn verjagen,
Gott sein mit Beistand pflag.

Der schöne Schluß-Vers hat im Kirchenbuch eine Stelle gefunden als Nro. 404.

Michael Stiefel 1522 (?)
W. III, 107.

Der Verfasser war der Reformator der alten Reichsstadt Eßlingen am Neckar, wo er am 19. April 1486 geboren war. Als Glied des dortigen Augustiner-Klosters besuchte er im Jahre 1518 den Convent der Augustiner zu Heidelberg, wo er Luthers persönliche Bekanntschaft machte und für das Evangelium gewonnen wurde. Im Jahr 1522 wurde er von dem Rath aus der Stadt vertrieben und ging nach Wittenberg. In der Vorrede zu obigem Gedicht, das in einem besonderen Büchlein von 31 Blättern erschien, sagt er: „Die Endmeinung dieses Büchleins ist, zu fechten und zu bewähren die Lehre des christlichen engelischen M. Luthers und wie daß sein Schreiben ohne Mittel herfließ aus Grund des heiligen Evangelii, Pauli und anderer Gottesgesandten und bewährten Lehrer der h. Schrift. Dieweil ich nach Ausweisung der Zeichen bestimmt in der Bibel von den letzten Zeiten der Welt mit M. Luther nicht anders halt, denn daß uns dieselbige Zeit nahe sei, in welcher sich üben soll die verführerische Verfolgung des Antichrists wider die Wahrheit Gottes, halt ich, daß uns von Gott gesandt sei dieser Mann, verordnet und aufgeweckt, zu entdecken und zu eröffnen den subtilen, heiligen Betrug des Antichrists und seiner Boten und Diener in der Inbrünstigkeit des Geistes Eliä." Auch gegen den bekannten Papisten Dr. Murner vertheidigte er seinen lieben Luther. Er war Prediger bei den Grafen von Mansfeld, in Oberösterreich, in Sachsen und kam im Jahr 1533 in große Noth, weil der von ihm auf den 19. Oktober angesagte jüngste Tag nicht eintraf. Nach einem vielbewegten Leben starb er im Alter von 81 Jahren in Jena.

Der Papst ruft König und Kaiser an.

Ein schön Reigenlied, im Ton Rusticus amabilem, neulich
geschmiedet durch Meister Hämmerlein im
Berg Aetna.

Der Pabst ruft König und Kaiser an,
    daß sie vertreiben einen Mann
dort nieden in dem Sachsen-Land,
denn er wollt öffnen all sein Schand.
        O weh! O weh!

Er sprach: Ich kann ihm nicht verwehren,
all meine Pracht will er umkehrn,
um Blei, Wachs, Bullen gibt er nicht
noch um das grausam Interdict.
        O weh! O weh!

Ich denk, daß meine Kälberhüt *)
bezwungen Städte, Land und Leut,
mein Bullen waren hoch geacht:
jetzt hats der Mönch zu nicht gemacht.
        Morbio! Morbio!

*) Kälberhüt, Kälberhäut bedeutet sonst in der
Sprache jener Zeit die Jungen, Starken.   Vgl. das
Sprüchwort: Man trägt ebenso viel Kälberhäut als
Kuhhäut zu Markt — das heißt, der Tod sieht nicht
an die Jugend oder das Alter. (Grimms Wörterbuch).

Viel höher hielt man mein Gebot,
benn die uns hat verordnet Gott,
die Gwissen fieng ich säuberlich,
erschreckt die Herzen hoffelich
    mit Listen.

All diese Welt kußt meine Füß,
das schmeckte mir so wohl und süß,
ich war erhöht weit über Gott,
Jetzt bin ich aller Welt ein Spott.
    O weh! O weh!

Die Pfründe Markt that mir auch wohl,
macht mir allzeit die Küche voll,
Annaten und das Pallium,
ach Gott, jetzt bin ich kommen drum.
    O weh! O weh!

Viel hab ich glöst aus dieser Waar
und mindert sich nicht um ein Haar,
was ich ausgab, that mir nicht weh,
benn viel steckt mir in pectore
    occulte. *)

Mein Grempelmarkt hat gar ein End,
baß Gott den Römischen Kaiser schänd:
ich meint, er sollt mir geholfen han,
seinethalben müßt ich betteln gehn
    Mordio! Mordio!

───────

*) In der Brust verborgen.

Darum soll Niemand zornig sein,
daß ich jetzund französisch bin:
den Deutschen bin ich gar ein Spott,
sie kennen jetzt den wahren Gott.
        O weh! O weh!

Sie achten nichts auf meine Kron,
was ich gebaut, ist ihn'n ein Trom (Traum)
darob sucht ich ein ander Land,
da noch verborgen ist mein Schand.
        O weh! O weh!

Der uns das Lieblein hat gemacht,
der hätt sich schier zu todt gelacht,
daß päbstlich Reich und Regiment
im Deutschen Land so gar ist gschändt.
        Jo! Jo!

Die Deutschen sind lang Narren gsein,
jetzt hat sie Gott durch seinen Schein
erleucht't, daß sie den Antichrist
erkennen, wissen, wer er ist.
        Jo! Jo!

Ort und Jahr unbekannt. Bei Wackernagel (III, 470) unter den
Liedern derjenigen Dichter, die an den von Luther herausgegebenen
Gesangbüchern und an dem Joh. Waltherischen von 1644 keinen An-
theil gehabt.

Chrift ift erftanden.

Ein geiftlich Chrift ift erftanden.

Dan 8, 9. Theff. 2, 7. Joh. 2.

Chrift ift erftanden,
 das Gottswort ift vorhanden,
daburch der Endchrift wird zerftört
und wir all von Gott gelehrt.
        Alleluja.

Chrift ift erftanden,
der Endchrift kommt zu Schanden
mit feiner großen Tyrannei,
davon wir all find worden frei.
        Alleluja.

Chrift ift erftanden,
hat uns erlöst aus Banden
der Mönch und Pfaffen allefammt
damit fie uns genarret hant.
        Alleluja.

Chrift ift erftanden,
man weiß in allen Landen,
daß der Papft ift der Antichrift,
feit uns das Licht aufgangen ift
        Alleluja.

Und wär er nicht erſtanden,
ſo wär Deutſchland zergangen
durch Pfründen=Freſſer, Ablaßkram,
den man zuführt dem Pabſt zu Rom.
        Alleluja.

Sanct Peter hinter dem Steine lag,
da wir geirrt hant Jahr und Tag,
jetzt kommt uns gute Mähre
durch Martin Luthers Lehre.
        Alleluja.

Zergangen iſt der Antichriſt,
der aller Welt ein Räuber iſt,
ihm wird gar ſchmal ſein Decretal
mit Pfaffen und Mönchen überall.
        Alleluja.

Er hilft ihn'n nicht zu dieſer Zeit
ſein Siegelwachs, ſein Kälberhüt,
es muß auch dran der Curtiſan,
des wird ſich freuen Jedermann.
        Alleluja.

Von Wackernagel dem Nicolaus Manuel zugeſchrieben. Um 1525.
W. III, 472.

Wacht auf ihr Christen alle gleich.

Ein schön neu Lied, etliche Stund und Orden der Mönch
und Pfaffen betreffend.

In der fränkischen Bauern Ton.

Wacht auf, ihr Christen alle gleich,
und lobet Gott vom Himmelreich,
ein Licht ist aufgegangen.
Es hat gewährt viel Jahr und Zeit
der geistlich Haß, Gewalt und Neid,
das Reich Gotts ist vorhanden.

Gott hat uns Armen zugesandt
groß Gnad und Heil im Deutschen Land,
die Wahrheit war verborgen.
Der Herr ein Mann erwählet hat,
der uns sein Wort ans Licht hat bracht,
wir warn in großen Sorgen.

Derselb ist ein gestrenger Mann,
sein Leib und Leben setzt er dran,
Gott woll ihn lang erhalten;
Pabst, Bischof, Mönch und allen Pfaffen,
den' hat er gmacht mit einander zu schaffen,
seins Glücks muß der lieb Gott walten.

Vor ihm besteht Keiner in der Schrift gelehrt,
der Gottes Wort im Geist nicht lehrt,
er ist gar bald überwunden.

Er veracht Gut, Ehr und zeitlich Pracht,
die Gotteskraft ihn dazu hat bracht,
den Grund, den hat er funden.

Er ſtraft gar gſchwind das geiſtlich Gſind,
dem höllſchen Hund ſtopft er ſein Mund
wohl mit der Gottes Lehre,
groß Ungemach hat er ihm bracht,
wider Gottes Rach iſt er zu ſchwach,
es thuts der Geiſt des Herren.

Pabſt, der recht Antichriſt du biſt,
Sanct Paulus hats lang wohl gewußt,
hat viel von dir thun ſchreiben.
Auch Chriſtus ſelbſt, der Gottes Sohn,
durch ſeinen Mund gezeiget an:
du mußt nicht länger bleiben.

Viel ſind geweſt der Widerchriſt,
dadurch die Welt verführet iſt
gelegen in ſchweren Banden.
Sein Gwalt war groß über alle die Maaß,
daſſelbig den frommen Martinum verdroß,
hat ihn gemacht zu Schanden.

Er hat ihn troffen mit göttlichen Waffen,
die Gottloſen dürfen nicht länger hoffen,
ſie thun ihn herzlich klagen;
ihr ſind noch viel in dieſem Spiel,
die ich eins Theils jetzt nennen will,
ihr dürft nicht weiter fragen.

Nun folgen 18 Spottverfe über die verfchiedenen Geiftlichen Orden und Stände, deren Sünde und Schande im Einzelnen befchrieben wird. Schlußvers:

Hiermit, ich bitt, bekümmert euch nicht,
wer uns das Lied hat zugericht,
er will fich jetzt nicht nennen:
es hats gethan ein fchlechter Mann,
der Keffel und Pfannen wohl fliden kann,
wird euch wohl zu erkennen.

Verkürzt aus einem Lied von 28 Strophen. Wadernagel III, 475.

~~~~~~~~~~

Chrift, der du bift das Licht und Tag.

Verdeutfchung des Faftenhymnus zu diefer Zeit Chrifte qui lux.

Chrift, der du bift das Licht und Tag,
das jetzt uns Wittenberg vermag,
glauben wir recht dem Lichtes-Schein,
fo Martin Luther führet ein.

Wir bitten, Herr, dein heilig Güt,
daß fie uns Martin Luther b'hüt,
durch den du jetzt ans Licht haft bracht
des Pabfts Gefetz, die finftre Nacht.

Unfre Augen jetzt fehen klar
Jefum, der uns verborgen war

durch falsche Lehr und Menschen=Gschwätz
und auch durch teufelisch Gesetz.

Herr, unser Schirmer sei und bleib,
daß Martin Luther noch frisch schreib,
den du erweckt hast uns zu gut,
des beut er dar sein Leib und Blut.

Gedenk an uns, o Gott und Herr,
seit daß du uns durch Christus Lehr
öffentlich machst den Antichrist;
jetzt männiglich vor Augen ist.

Wir schreien jetzt in dieser Qual:
O Herr, erleucht die Häupter all,
die wider sind dem Gottes=Wort,
so loben sie dich hier und dort.

Gott Vater, Sohn, Herr Jesu Christ,
heiliger Geist ein Tröster ist
jetzt in gfährlicher, letzter Zeit,
ich halt der jüngst Tag sei nicht weit.

O Herr, so rufen wir dich an,
wollst allen denen Beistand thun,
die schützen, schirmen deine Wort,
so loben sie dich hier und dort.

Urbanus Rhegius 1523.

(Mit Auslassung eines Verses. Wackernagel III, 478. Der Verfasser im Jahr 1490 zu Langenargen am Bodensee geboren, zu Lindau
und Freiburg im Breisgau ausgebildet, war in seiner Universitäts-
zeit ein vertrauter Freund von Johann Eck geworden. Er stand eine
Zeit lang neben ihm in Ingolstadt als Lehrer der Beredtsamkeit.

Aber je mehr ihn die Lehren der Wittenberger anzogen, umso mehr wurde sein Verhältniß zu Ed ein gespanntes. Im Jahr 1520 wurde er zum Prädikanten an der Domkirche zu Augsburg ernannt. Der Haß der Papisten trieb ihn schon nach zwei Jahren von da weg ins Salzburg'sche und nach Tyrol. Aber es dauerte nicht lange, so hatte die Reformation in Augsburg solchen Boden gewonnen, daß er zurückberufen wurde. Dort wirkte er dann bis zum Jahr 1530 in großem Segen. Während des Reichstags gewann ihn der fromme Welfenherzog, um die Reformation im Lüneburger Lande einzuführen zu helfen.

Ungern ließen ihn die Augsburger, zunächst auf 5 Jahre, ziehen. Und als sie ihn schon nach zwei Jahren zurückverlangten, bat ihn der Herzog: „Lieber Urbane, bleibt bei uns; ihr könnt wohl Jemand finden, der euch mehr Geld gebe als ich, aber Keinen, der eurem Predigen lieber zuhöre." Rhegius blieb. Im Jahre 1537 begleitete er seinen Herzog Ernst zu dem Convent in Schmalkalden. Die Artikel haben seine Unterschrift gleich nach der von Johann Bugenhagen. Bei einer Predigt daselbst machte er es aber dem kranken Dr. Luther zu lang und er strafte ihn scherzweise mit Anspielung auf seinen Namen („Hoc neque urbanum, neque regium fuit.") Auch dem Convente zu Hagenau wohnte er bei 1540. Am 23. Mai 1541 starb er in Celle.

~~~~~~~~~~

Gnadenreiche Zeit.

Ein hübsch evangelisch Lied, darin aufs Kürzeste angezeigt ist, was Gott am meisten mißfällt und gefällt.

Im Ton: Es geht ein frischer Sommer daher. Oder im neuen Ton von Mailand.

Ein gnadreich Zeit ist kommen daher,
da darf man hören gute Mähr,
die Lehr Gotts ist erwachet,
ist über Mönche und Pfaffen gang'n
sie weinen oder lachen.

Martinus Luther ist ein kühner Mann,
ein groß Spiel hat er gefangen an
ohn Würfel und ohn Karten:
wer mit ihm disputiren will,
der heiligen Schrift thut er warten.

Der Luther hats nit wohl besonnen:
zu großen Ehren wär er wohl kommen,
hätt er dem Pabst geschwiegen; *)
ein Cardinal wär er worden,
und zu einem Bischof geweihet.

Das hat Martinus nicht wollen thun,
darum thut ihn der Papst in Bann,
er meint, er woll ihn gar verdammen:
da fragt Martinus nit viel darnach,
ihn brennt die christliche Flamme.

Der Pabst will sein der heiligst Mann,
wers von ihm redet, der lügt daran,
sein Thun ist nichts denn Lügen,
sein Gnad schickt er in alle Land,
die Armen zu betrügen.

Der Pabst schreibt sich ein irdscher Gott,
damit treibt er aus Gott ein Spott,
er ist ein Kaufmann worden:
Gottes Gnad beut er uns um Geld,
der Glaub ist da verdorben.

---

*) Orig. thun schweigen.

Die Klosterbrüder sind auch im Spiel,
die ich jetzund auch nennen will,
sie sterzen*) auf dem Lande;
und gäb man ihnen des Kaisers Gut,
sie verzehrtens Alls in Schanden.

Ihr Kasten und Keller stecken voll,
sie saufen, daß sie werden toll:
solltens eim Armen geben
ja nur ein Gab eins Guldens werth,
eh'r müßts dem Teufel werden.

Ach Gott wie sind ihre Sinn verkehrt!
hat Christus solch Armuth gelehrt?
oder hats gethan Sanct Peter?
Geb mans dem armen Handwerksmann,
dem thät es gar viel nöther.

———

Und wenn der Luther so unrecht wär,
sein Lehr wär nit kommen bis her,
zu Worms wär sie verdammet,
da saßen so viel der rothen Baret
und auch der Scheuben** von Sammet;

Der Kaiser in seiner Majestät,
dazu der deutschen Fürsten Rath,
falsch Geistlich' und auch Laien:
da stund der Luther höchst gelehrt
zuvörderst an dem Reihen.

———

*) schwänzeln. **) Unterkleider der Männer.

Wo es nicht geschieht in deinem Wort,
so ist es doch ein kläglich Mord,
daß wir auf uns selbst bauen:
wie mögen wir immer gewisser sein,
denn wenn wir dir vertrauen?

So du ein Gott bist ohn Betrug,
die Menschen nichts denn eitel Lug,
weß thun wir uns vermessen,
daß wir auf Menschenlehr bauen thun,
hant deines Worts vergessen?

Gatt, wir begehren deiner Huld,
wiewohl es ist der Pfaffen Schuld,
daß wir so sind verblendet,
daß wir kein christlich Lieb mehr habn,
sind wir billig geschändet.

Die mit Luther wollten disputirn,
die sagten nur von blauem Zwirn
in Tantarei verwirret:
so er mit Ehrn ist von ihnen kommen,
erst sind sie in Neid erbittert.

Kurfürst Friedrich ist ein frommer Mann,
die christlich Kirch ihm Gutes gönn,*
daß ihm die Ehr Gotts liebet:
wollt Gott, er wär uns Kaiser blieben,
dazu ihn viel erwählten.

---

*) Orig. gan.

O Gott, wohl in dem höchsten Thron,
wollest den Irrthum unterstehn
deins Volks, von dir erkoren,
theil mit deine Barmherzigkeit
wohl beinen lieben Scharen.

Verleih uns Gnad, ewiger Gott,
daß wir warten in dieser Noth
Leibes und auch der Seelen:
erleucht uns mit dem Worte dein,
daß wir deins Wegs nicht fehlen.

Verleih uns, daß wir lieben dich,
mehr denn ein Jeder liebet sich,
aus allen unsern Kräften,
auch aus Gemüth und Herzensgrund
ganz einlich auf dich hoffen.

Verleih uns christlich Prediger,
die uns vortragen gute Lehr,
dein Wort uns treulich lehren,
wie Martin Luther hat gethan,
wie wohl man uns verkehret.

Verleih uns gegen unsern Nächsten Lieb,
daß die ein Jeder treulich üb,
wie wir von einander begehren:
erzeig uns das in Worten klar, —
würd unser Heil sich mehren.

Behüt uns, daß wir nicht meineidig werdn
an der erdichten, falschen Lehr,

erbacht, uns zu betrügen:
daß doch die Welt nicht anders kann,
denn falſch ſein und auch lügen!

So die Frucht kommet aus dem Baum,
ſind wir nicht wahrlich Chriſten genannt,
wir lieben dich denn aus Kräften:
das verleih uns deine göttlich Gnad,
thun wir mit Treuen ſprechen.

Der uns das Lieblein hat gemacht,
der Seel Heil hat er herzlich betracht,
durch Menſchen Lehr verführet:
man wolls ihm nit für übel han,
daß er die Wahrheit rühret.

Friſch auf Gott zu Lob!

Conrad Kern 1524.

(Wackernagel III, 483. Eine Umarbeitung deſſelben Liedes, die
aber weſentlich eine Abſchwächung ſeiner Pointen iſt, findet ſich, aus
demſelben Jahr, W. III, 484.)

~~~~~~~~~~

Der geiſtliche Wächter.

O Gott in deiner Majeſtät,
   gib uns dein Hilf, dazu dein Gnad,
daß wir den Tag erkennen thun,
den uns dein Sohn hat zeiget an,
      Herr Jeſus Chriſt,
      der unſer Helfer iſt.

In finſtrer Nacht da ſchliefen wir,
bis daß es begann zu tagen ſchier:
der Wächter an der Zinnen lag,
verkündet uns den hellen Tag.
     „Wacht auf zu Hand!
es ſcheinet die Sonn ins Deutſche Land.“

Der Wächter Martin Luther genannt,
der ward von Gott dem Herrn geſandt,
mit heller Stimm er ruft und ſchreit:
„Thut Buß, ihr Deutſchen, wenn es iſt Zeit,
     ſchlaft nicht zu feſt,
der göttlich Schein am Himmel glaſt.*)

Thut ihr verachten ſolches Licht,
fürwahr, euch wie den Juden geſchicht,
wie ſich denn Chriſtus ihr’ beklagt:
„Weh dir, Jeruſalem!“ er ſagt,
     daß du nicht wilt
erkennen mich, gütig und mild.

Ich hab wollen bewahren dich
wohl unter meine göttliche Flieg,**)
wie ein Gluckhenne den Jungen thut,
hält vor dem Adler ſie wohl in Hut:
     Das ſag ich dir,
beſſer, du wärſt geboren nie!“

———

*) leuchtet. Vergl. „Durch deines Lichtes Glaſt.“
**) Fittiche.

Darum ihr Deutſchen, alſo fromm,
dieweil das Evangelium
bei euch gewonnen hat lichten Schein,
ſchaut, daß nicht wieder komm darein
　　　Finſterniß dick,
die euch der Pabſt heimlich zuſchickt.

Das göttlich Wort halt nicht im Mund,
ſondern allein im Herzensgrund!
beſchließ es tief, bewahr es feſt,
auf daß es Früchte bring zuletzt!
　　　Gott will es han,
daß es nicht leer komm vor ſein Thron.

Gleichwie der Regen vom Himmel fällt,
bringt Furcht von mancherlei Geſtalt,
alſo thut auch mit Gottes Wort:
laßt euch nicht dunkel machen fort*)
　　　göttliches Licht
das Nattern-Geſchlecht und Otterngezücht.

Halt feſt, du deutſche Nation,
wohl ob dem Evangelion,
dem Antichriſt weich keinen Tritt
zurück wohl auf die Seite nit:
　　　beut ihm die Hand:
ſeiner Sünden machſt du dich auch bekannt.

———

*) hinfort.

Sei wohl getrost, du Deutsches Reich,
schau, daß der Pabst dich nit erschleich:
ihm ist gleich wie der Nattern Schwanz,
wo er einkommt, vergift er ganz
　　　gesunden Leib,
darum beständig bei Christo bleib.

Und sei nicht wankel, wie ein Rohr,
den Wolf sollst du anschreien vor,
eh er unter die Schäflein lauft
und ihn' die Waid und Woll ausrauft:
　　　läßtst ihn ins Haus,
ohn Schaden kommt er nicht hinaus.

Du siehst, daß er mit falscher List
in etlichen Schafstall kommen ist,
zu morden secht er wieder an,
die Schafe ab der rechten Bahn
　　　wieder verführt,
wohl vor dem Holz sein Tück man spürt.

Wach auf du deutsches Reich so gut,
dein Schläflein vor dem Wolf behüt!
Gehorch deins Hirten Christi Stimm,
des Pabsts und Wolfes nicht annimm!
　　　das rath ich dir,
wirst sonst in arge Pein verführt.

denn es der Winter ist so kalt,
der päbstlich Wolf schleicht um den Stall,
nach Ablaß hungert ihn gar sehr,

der Deutschen Geld hat er nicht mehr,
    drum ist er wild,
gleichwie ein Löw im Wald herbrüllt.

Groß Ungestüm er drum erweckt,
das Schäflein Petri es bedeckt,
mit Wasser wollt ers ertränken lan:
verzag und kehr dich nicht daran,
    wach auf getrost!
Christus dich schon vom Schlaf erlöst.

Der dies Lied hat gemachet diese Zeit,
D. P. sein Namen recht bedeut,
den Deutschen wünscht er Gnad von Gott,
daß sie vertreiben die wölfisch Rott,
    die stets nach Blut
der Christen hungern und dürsten thut.

Ohne Ort und Jahreszahl. W. III, 492.

~~~~~~~~

Der Morgenstern.

(In seinem alten Ton.)

Der Morgenstern hat sich aufgedrungen,
von Mitternacht ist er herfür kommen,
er leuchtet durch die ganze Welt,
mit seinem klaren Scheine
    er alle Ding erhält.

Der Stern hält über uns wie eine Mutter,
den uns gezeiget hat Martinus Luther:
dem ist durch Gottes Hilf und Gnad
der Morgenstern erschienen,
    den er verkündet hat.

Den Stern hat er gemachet offenbare,
der vor ein lange Zeit verdunkelt ware,
der scheint jetzt durch die finstre Nacht,
davon wir alle sahen,
    Gott Lob, des Teufels Pracht.

Der Stern der scheint vom Abend bis an Morgen,
sein Glanz streckt er gar weit ohn alle Sorgen,
er leucht der ganzen Christenheit
und thut uns Allen scheinen
    ewig und allezeit.

Des Sternen Glanz ist voller Lieb und Güte,
er hält ob uns und thut uns all behüten,
ohn Unterlaß er für uns wacht,
daß Niemand wird beschädigt
    in dieser finstern Nacht.

Der Stern der scheinet in göttlicher Krafte,
wer an ihn glaubt, ist in der Lieb behaftet,
dem leucht't er in die ewige Freud
und kommt nach diesem Leben
    zu großer Herrlichkeit.

Der Morgenstern ist von Gott ausgangen,
nach ihm hatten wir Alle groß Verlangen,
bis er erzeiget seinen Schein
und weiset uns mit Freuden
  den theuren Willen sein.

Der Stern der ist gestorben für uns Alle,
hat uns erlöst von Sünden allzumale,
darum wir all in dieser Zeit
durch wahren Glauben haben
  die ewge Seligkeit.

Der Morgenstern ist Christus der Herre
und auch sein Wort, das leucht't uns nah und ferne,
dem singen wir jetzund Lob und Ehr,
daß er uns wolle leuchten
  von nun und immermehr.

Christliche Hausgesänge, gedruckt zu Nürnberg, durch Johann
Koler 1570. W. III., 797.

~~~~~~~~~~

Der Papst hat sich zu Tode gefallen.

(Von dem Pabst zu Rom, wie er sich zu Tode hat gefallen
von seinem hohen Stuhle.)

(In dem Ton zu singen: der Kukuk hat sich zu Tode gefallen.)

Der Pabst hat sich zu Tode gefallen
von seinem hohen Stuhle:
mit wem will nun mein arme Seel
hinfort nun weiter buhlen?

Jesus Christus soll der sein,
kein liebrer mir mag werden,
macht mich von allen Sünden rein
im Himmel und auf Erden.

Der Pabst hat seine Kron verlorn
mit seinem großen Haufen,
die Christen werden nimmermehr
den Ablaß von ihm kaufen.

Jesus Christus der Gottes Sohn
kann rechten Ablaß geben,
wer glaubt und traut seim' werthen Wort,
der hat das ewge Leben.

Der Pabst muß nicht mehr Richter sein,
wie vor auf dieser Erden,
kann nicht vergeben Schuld und Pein,
wie sein Brief fälschlich lehren.

Jesus Christus auf seinem Stuhl
will selber Richter bleiben,
gibt ihm sein liebster Vater zu,
kein Andern mag er leiden.

Der Pabst hat seinen Schlüssel verlorn,
was will er nun beginnen?
Es thut ihm aus der Maßen Zorn,
er kann ihn nirgends finden.

Ein frommer Mann aus Sachsenland,
der hat den Schlüssel funden,

66 Der Papst hat sich zu Tode gefallen.

Martinus Luther ist sein Nam,
den Christen Gott=willkommen.

Er schleußt uns auf die rechte Thür,
die Pfort zum ewgen Leben,
er bringt allein Christum herfür,
der Sünde kann vergeben,

Zerstört dem Teufel und Pabst sein Reich
dazu sein Gewalt genommen:
hab Dank, du frommer, treuer Gott,
daß wir habn erlebt die Stunde.

Jesus Christus, meins Herzens Trost,
halt mich in deiner Liebe,
bewahr mein Herz vor falscher Lehr,
vorm Pabst und seinen Dieben.

Um 1535. Zwickau durch Wolfgang Meyerbeck. W. III., 932.

Eine andre Bearbeitung und Erweiterung dieses Lieds stammt aus
dem Jahr 1552 und hat 24 Strophen, in welchen auch die Abiapho-
risten, das Interim und Osianber reichlich bedacht sind.
Endlich findet sich auch mit derselben Anfangszeile eine Umarbeitung
des weltlichen Lieds „der Kukuk u. s. f." in Herman Vespasius (Wespe)
neuen christlichen Gesängen. Lübeck 1571.

Martinus ift nicht geſchwiegen.

(Ein neues Lied, von dem heiligen Mann Gottes, unſerm
lieben Vater, Doctor Martin Luther, in Gott verſchieden
Anno 1546.)

Martinus ift nicht geſchwiegen,
es ift noch weit davon,
die Pfaffen ſollen liegen,
ſie müſſen erft baß dran.

Der liebe fromme Luther zart,
der Deutſchen wahr'r Prophet,
Gotts Wort hat er uns recht gelehrt,
es darf keiner Wiberreb.

Die Pfaffen, wären ſie klug geweſt,
hätten ſich beſonnen recht,
wär ihn' geweſt das Allerbeſt,
für ſo treuen Gottesknecht

Mit allem Fleiß zu bitten
zu unſerm Herre Gott:
nun wills haben den Ritten,
erft findt ſich der Pfaffen Noth.

Luthers lang Leben, ſag ich zwar,
der Pfaffen Glück wär geweſt
und auch der ganzen Welte bar,
die ihr boch nicht ſagen läßt,

Allein mit Schaden witzig wird,
ift leiber nicht ſehr gut.

Hinfort sie Luther nimmer irrt,
doch wer weiß, was er noch thut.

Bisher ist er nächst Gott dem Herrn
unser Friedschild gewest,
hat unsern Feinden helfen wehrn,
sein Gebet thät stets das Best.

Der Pfaffen keiner glaubet dies,
sie achtens für ein Tand:
ich fürcht, es sei nur allzugwiß,
der Glaub komm ihn' in die Hand,

Daß beide, über uns und sie
die Straf nun komm gewiß,
der Schuldig mit den Unschuldgen hie
das bald ausbüßen müß.

Er hat uns often wahr gesagt,
hat nicht gelogen dran:
den Pfaffen hat es nie behagt,
werden ihrn Lohn empfahn.

Er sprach bei seinem Leben noch:
„Merk du papistisch Rott,
ich sterb, ich leb, so bin ich doch
dein Pestilenz und bitter Tod." *)

---

*) Anspielung auf Luthers Vers:
Pestis eram vivus, moriens ero mors tua Papa.
Pest war lebend ich dir, mein Tod, Pabst, soll dir der
    Tod sein.
Das solle seine Grabschrift bleiben, sagte Luther, als
er todtkrank in Schmalkalden lag.

Bedenkt gar wohl dies große Wort,
betrachts im Herzen dein:
es soll sich finden also fort,
laß dirs gar kein Märlein sein.

Kehr um, laß ab, thu Buß mit Schmerz,
du hast fürwahr hoch Zeit!
Glaub Gottes Wort, habs keinen Scherz,
findst Gnad und Barmherzigkeit.

Gott will des Sünders Tod ja nicht:
so er sich zu ihm kehrt
und sich nach seinem Worte richt,
alsdann ihm solchs widerfährt,

Daß ihn Gott aufnimmt zu Gnaden
in Christo seinem Sohn,
die Sünd, damit er beladen,
werden ihm geschenket schon.

Sofern er dafür dankbar ist
mit rechtem Glauben fein,
erkennt den Herren Jesum Christ
für den lieben Heiland sein.

Solchs lehret das Gottes=Wort,
die evangelisch Lehr,
wie uns L u t h e r beid hie und dort
unterweist manch liebes Jahr,

Nachdem ihm Gott hat offenbart
aus kein Verdienst, aus Gnad,

sein eigen Sohn, den er gelahrt
und der Welt geprediget hat.

In Christi Lieb ist blieben,
hat stets gepreist sein Nam,
sie habens aufgeschrieben,
die's von ihm gehört allsam,

Wie er sich Gott befohlen hat
recht als ein frommer Christ,
ein schön Bekenntniß er da that,
darin auch entschlafen ist,

Und so sein End beschlossen recht.
Hört manch gelehrten Mann,
Grafen, Herren, Ritter und Knecht,
Keiner anders sagen kann.

Davon gar Manchem Leid geschah,
und viel betrübet hat,
manch Tausend ihr' man weinen sah
zu Wittenberg in der Stadt,

Da er nun ruht im Friede
nach Gottes Willen sein,
jeder groß Schmerzen litte,
es trauert beid Groß und Klein.

—————

Der uns dies Lieblein nun sang,
will jetzt sein ungenannt.
Gott sei im Himmel ewig Dank,
daß er uns den Luther sandt.

Welcher, ob er uns genommen ist,
der heilig Gottesmann, —
der liebe Herre Jesus Christ
uns noch andre geben kann.

Soll drum nicht sein geschwiegen gar,
wie sie wohl meinen nun:
sein Bücher sind vorhanden dar,
sein Geist lebt auch noch dazu.

In manchem Mann verborgen
die rechte Gotteskraft:
dafür wolln wir nicht sorgen,
der noch wohl viel Gutes schafft.

Mit Fleiß wollen wir bitten fein
den Herren unsern Gott,
er laß ihm die befohlen sein,
die er uns gegeben hat.

Woll diese uns erhalten da,
die noch vorhanden sein,
mit langem Leben fristen ja,
denn es will von Nöthen sein.

Daneben ihr' aufwecken mehr
zu seinem Lob und Preis,
die sich annehmen der rechten Lehr
und der anhängen mit Fleiß.

Das wirs mögen behalten rein,
ich mein das göttlich Wort,

vor Menschen Tand behüten fein,
damit wird die Seel ermordt.

Daß wir uns beffer halten dran,
bitt ich zu diefer Frift,
denn wie wir haben bisher gethan,
das hilf uns, Herr Jefu Chrift.

Du kannfts allein befcheren
durch deinen heilgen Geift,
die Lieb und Hoffnung mehren,
den Glauben am allermeift.

Damit befchließ ich dies Gedicht
und fchenks des Pabftes Kron:
obs den Pabft=Efeln gefallet nicht,
ich habs derhalben gethan.

Erasmus Alberus. 1546. W. III, 1052. Das Original hat 41
Strophen.

Der Verfaffer hat als Dichter mehrerer inniger Kirchenlieder in
unfern Gefangbüchern eine wohlverdiente Stelle gefunden. Er war
im Jahr 1520 als Student in Wittenberg eingetreten und durch
Luther und Melanchthon fürs Evangelium gewonnen worden. Er
wirkte als Reformator in Heffen von 1528—1539 und wurde unter
Joachim von Brandenburg Hofprediger in Berlin. Später finden
wir ihn in Magdeburg, dann in Hamburg, Lübeck und Neu=Branden=
burg. Er ftarb am 5. Mai 1553. So inniglich und gemüthreich er
mit Kindern zu reden und für fie zu fchreiben wußte, fo war er doch
allen Feinden der Wahrheit gegenüber ein allezeit ftreitbarer, fchar=
fer, oft hitziger und fchneidiger Kämpe. Seine Spottlieder gegen die
Widerfacher des Evangeliums gehören zum Allergröbften und Schärf=
ften, was jene Zeit producirt hat. Man lefe z. B. fein „Neu Tedeum
laudamus, vom Pabft Paulo dem Triten, welches zu Rom in la=
teinifcher Sprache gefungen haben Pasquillus und Marforius, ein
Gefetz ums andere. Verdeutfcht durch päpftlicher Heiligkeit guten
Freund, Erasmum Alberum. 1541. Ebenfo „Der barfüßer Mönch
zehn Gebot" um 1550, mit „Des römifchen Gottes Benedicite, wenn er
fchlemmen will."

Gleichwie ein Wolf ein Schaf= hirt ist.

(Gegengesang und gezwungene Antwort, auf das erdichtete unwahre päbstische Wolfsgeschrei, wider Doctor Luther ausgegangen.)

Gleichwie ein Wolf ein Schafhirt ist,
du Pabst, das Haupt der Kirchen bist,
der Antichrist bist du fürwahr,
Jedermann findts im Paulo klar.

Des Luthers Bibel thut dir weh,
wolltst gern, daß man dein Trug nicht säh,
verbrennst sein Bücher, er dein Recht,
Gottes er ist, du 's Teufels Knecht.

Bei dir gilt weder Recht noch Gsetz,
beutst Kaisern und all Kön'gen Trotz,
verachtest Gott sein Obrigkeit,
thatst Friederich mit Füßen leid.

Der Luther fuhr im Frieden hin,
an seim Tod hast du schlechten Gwinn,
dein Pestilenz sein Leben war,
sein Tod wird dich noch ärgern gar. *)

Am End nimm deiner Seelen wahr,
wie sie von hinn' gen Himmel fahr,

---

*) Vergl. die Anmerkung zu S. 69.

74 Gleichwie ein Wolf ein Schafhirt ist.

gleichwie ein Kuh ins Mäuseloch,
weh dem, der dir wird folgen nach!

Sein Geist lebt noch, sein Jünger fromm
lehren das Evangelium,
dein Schalksnarr aber und Baalsknecht
lügt, lästert und verkehrt all Recht.

Drum hat dein Kirch ein Zeichen gut,
dabei man sie erkennen thut:
Christo zuwider und seim Wort
stift't er an Krieg, Schwert, Feur und Mord.

Drum bitten wir dich Jesu Christ,
bewahr uns vor des Pabstes List,
in Einigkeit des Glaubens fromm,
erhalt das alte Christenthum.

Laß uns nicht fallen ins Pabstes Strick,
wend ab seins Meisters böse Tück,
beschütz die Herrschaft und das Land,
darin dein Wort noch ist bekannt.

Der Jesuiter Anschläg mach
zu Schanden mit göttlicher Rach,
und stürz sie in die Grub hinein,
die sie machen den Christen dein.

Das Original hat 17 Strophen beginnend mit „Behüt uns Gott!
Pabst hab dein Meß," darunter manche mit grober Ausmalung rö=
mischer Unsitte. W. III, 1158.

Seid fromm ihr lieben Christenleut.

(Ein schön christlich Lied, von dem ehrwürdigen Herren,
Doctor Martino Luther, und seiner Lehre.)

Seid fromm, ihr lieben Christenleut,
und laßt euch das bewegen;
denn Gott uns nicht ein wenig dräut,
bedenket doch gar eben,
    was er jetzt angefangen hat;
die Strafe ist vorhanden:
seht zu und kommet nicht zu spat,
daß ihr nicht werd't zu Schanden
vor Jedermann in jener Welt.

Martinus Luther, hochgelehrt,
ist nun von uns genommen.
Er hat viel armer Leut bekehrt,
daß sie in Himmel kommen.
    Durch römisch Gift,—mich recht versteh,—
wir waren gar verderbet:
das that dem heilgen Manne weh,
weil Christus hat ererbet
das Himmelreich alln Gläubigen.

Der Pabst dem Ablaß grausam viel
in seiner Lehr thut geben,
hierüber hub sich dieses Spiel,
darum so merk gar eben:

Luther begehrte Unterricht,
wollt wissen, was doch wäre
päbstisch Ablaß, er wußt es nicht;
das verdroß Rom gar sehre,
wiewohl es selber nicht verstund.

Mit Ernst der liebe, fromme Mann
Zu Wittenberg erst lehret,
den Catechismus fing er an,
damit viel Volk bekehret;
das that den Cardinälen weh,
Bischöf wolltens nicht leiden:
ihr Schifflein war schon in dem See,
groß Wasser auf den Seiten,
das Bad war ihn' bereit gemacht.

Gar bald gen Augsburg auf'ben Tag
der werthe Mann mußt kommen,
der Satan nicht verborgen lag,
er macht die Seinen brummen:
Silentium man ihm gebot,
er sollte stille schweigen:
es war doch, traun [gar] wider Gott,
sein Wort er thät anzeigen,
das widerrufen konnt er nicht.

Den rechten Weg zur Seligkeit
durch'n Glauben zu erlangen,
gelehret hat mit Freudigkeit,
und nicht an Werken hangen:
Christus uns Gnad erworben hat,

ſonſt wären wir verloren,
der Glaub thut dieſe große That,
daß wir werden geboren
aufs neu und Gottes Kinder ſein.

Die Taufe, des Herrn Abendmahl,
durch Gottes Gnad erhalten
vor allen Ketzern dazumal,
er ließ den liebn Gott walten:
    der gab ihm Kraft und auch die Macht,
daß er konnt überwinden,
die Widerſacher dahin bracht,
daß ſie nichts konnten finden,
mit Gottes Wort all überwand.

Die Antinomer *) griff er an,
er hat ſie eingetrieben.
Niemand es Alles ſagen kann,
was er hat Guts geſchrieben.
    Sein Bücher ſind vorhanden viel,
die ſoll man fleißig leſen,
die weiſen dir das rechte Ziel:
's iſt ein Prophet geweſen:
ſchau zu, veracht ſein Lehren nicht.

Der Tod des theuren, hohen Manns
thut ſehr viel Leuten dräuen.

---

*) Die Gegner des Geſetzes, welche lehrten, daß das
Geſetz nur bei den Ungläubigen und Unwiedergebornen
zu treiben ſei.

Welt achts nicht, geht gleichwie ein Gans;
die Christen des sich freuen,
    daß gleichwohl Gott sein heilig Wort
beschützen wird ans Ende
durch glehrte Leut an manchem Ort,
die er uns wird zusenden:
Christus sein Kirch erhalten will.

Darum, du liebe Christenheit,
ich kanns nicht unterlassen,
bitt dich, geh nicht in Sicherheit,
bleib auf der rechten Straßen,
    die dir Luther gezeiget hat,
so wirst du nicht verderben:
es ist fürwahr der beste Rath,
willst du nicht ewig sterben,
darum veracht mein Warnung nicht.

Johann Friedrich Pletsch. Gedruckt zu Wittenberg durch Georgen
Rhaw. 1546. W. III, 1159.

───≈≈≈≈≈≈≈───

Die Sonn die steht am höchsten.

Die Sonn die steht am höchsten,
die Welt hat sich verkehrt;
Gott ist allein der Höchste,
der die ganze Welt regiert,
    der alle falsche Herzen erkennt,
der liebe Gott woll uns helfen
schleichen zum seligen End.

Sein göttlich Wort hat er uns geben
ganz lauter und ganz klar,
das ist dem Teufel wider
und seiner ganzen Schaar;
er braucht so viel der falschen List,
damit will er uns bringen
von dem ewigen Gottesdienst.

Das kann er doch nicht enden,
dasselb ist unser Trost,
wir habn Gott lernen erkennen,
der uns hat all erlöst,
er ist ein Helfer in aller Noth:
dabei wollst uns erhalten,
du lieber Herre Gott!

Sie meinten, sie hätten gewonnen,
daß Martinus Luther war todt:
sein Lehr ist weiter kommen,
dasselb bringt ihn' den Tod!
Wenn Gott hat allein der Macht so viel,
daß er allen will helfen,
die treten zu seinem Ziel.

Das Ziel, das er uns gesetzet hat,
das ist sein göttlich Wort:
wolln wir uns darnach richten,
er hilft uns hier und dort,
denn sonst kein andrer Helfer ist,
als unser liebe Herre,
sein Name heißt Jesus Christ.

Denselben wolln wir rufen an
in aller unsrer Noth,
er wird uns nicht verlassen,
wie er versprochen hat,
    er will uns helfen aus aller Qual,
wie er denn hat geholfen
den Kindern Israel.

Pharao der ist vergangen
wohl in dem rothen Meer:
da er nun wollt verfolgen
das Israelitisch Heer,
    da führt sie Gott mit seiner Hand
mit großen Wunderthaten
aus der Aegypter Land.

Jetzund will ich beschließen
dies schöne Lobgesang,
Gottes Wort thut uns zufließen,
dem sei Lob, Ehr und Dank,
    durch Jesum Christum, seinen Sohn,
der liebe Gott woll uns helfen
wohl in des Himmels Thron.

Gedruckt zu Nürnberg durch Valentin Newber.   W. III, 1160.

Ein schön neu Lied
von
Herrn Doctor Martini Luthers Sterben.

Im Ton: Ich ruf zu dir Herr Jesu Christ.

Nun hört, ihr Christen, neue Mähr,
die ich euch sing mit Schmerzen,
die uns aus Sachsen kommen her,
o laßts euch gehn zu Herzen.
Von dem ich sing, von dem ich sag,
den werdet ihr ja wohl kennen,
will ihn nennen,
von dem ich stell mein Klag,
wird gerühmt an allen Enden.

Martinus Luther der ist todt,
in Fried und Freud verschieden;
der Gottes Wort herfür bracht hat,
auf Erden viel gelitten
    was Teufels und Welt Büberey,
allein von Christi wegen,
auszufegen
falsch Lehr und Ketzerei
mit Gottes Wort und Segen.

Gen Eisleben er gefordert ward,
sollt da in großen Sachen
mit sein' Gsellen zur selben Fahrt,
Einigkeit helfen machen,
    und was mehr war zu richten aus,

barum sie hin sind kommen
z' Nutz und Frommen,
ist gewest ein großer Strauß,
also hab ichs vernommen.

Allda verändert sich gar bald
des Luthers Leib und Leben,
sein Stärk, sein Kraft und alle Gstalt
die ihn Gott hat gegeben,
    entgiengen ihm und nehmen ab,
bie Zeit war schon vorhanden
ins Todes Banden
Gott seinen Leib eingab,
also hab ich verstanden.

Ein Tag im Hornung *) wird genannt,
da Solches that geschehen.
An seim End der Luther bekennt
und that also verjehen: **)
    Ach Gott! Ach Gott! wie weh ist mir!
ich muß hier zu Eisleben
mein Geist aufgeben,
ich halts gänzlich dafür,
will Gott nicht widerstreben.

O Gott Vater, Herr Jesu Christ,
sprach er mit rechtem Herzen,
hilf mir jetzund zu dieser Frist
und wende meinen Schmerzen.

----

*) Februar. **) bekennen.

Dein Sohn haſt du mir offenbart,
von dem hab ich gelehret
ihn geehret,
darin kein Müh geſpart,
alſo Pabſts Lehr zerſtöret.

Herr, dein Wort ich geprebigt hab,
welchs die Gottloſen ſchänden,
hab davon nicht gelaſſen ab,
niemand konnt das verwenden:
    du biſt mein Herr, mitten im Tod,
mein Erlöſer, mein Heiland,
thu mir Beiſtand,
o Herr, o lieber Gott,
mach mir jetzt dein Reich bekannt.

Denn ſo haſt du geliebt die Welt,
daß du für uns haſt geben
dein Sohn: wer zu ihm ſein Glauben ſtellt,
ſoll haben das ewig Leben.
    Zu dir, Herr, ich mein Hoffnung ſetz,
Herr, dir thu ich vertrauen,
auf dich bauen,
das ſag ich zu der Letz,
dein Angſicht laß mich ſchauen.

Zum Bſchluß ſprach er: „Herr in dein Händ
ich dir mein Seel thu ſenden.
Der wollſt du gebn ein ſeligs End,
dein Gnad nicht von mir wenden.
    Herr, mich allein befehl ich dir,

in deim Nam will ich sterben
und ererben,
was du haft zugesaget mir,
dein ewig Reich ererben."

Darum, ihr Christen allzugleich,
tröst't euch mit diesen Worten,
daß ihr kommet ins Himmelreich,
in d' engelische Pforten.
    Bitt' Gott, daß ihr mit eurem Mund
auch also könnet sagen
also wagen,
euch geb ein selig Stund,
daß ihr nicht mögt verzagen.

Bitt' ihn, daß er woll geben mehr,
die also thun beschützen
sein heiligs Wort und göttlich Lehr,
und sie nicht lassen trutzen;
    denn was wir von dem Vater werd'n
bitten in Christi Namen
allzusammen,
das gibt er allzeit gern:
wer das begehrt, sprech Amen.

Leonhard Kettner. Nürnberg durch Georg Wachter. 1546. W. III, 1164. Der Dichter, aus Hersbruck gebürtig, war seit 1545 Cantor in Nürnberg.

Vermahnung zum heiligen Katechismus.

Die höchste Weisheit ist fürwahr
des heilgen Katechismi Lehr,
die göttlich Kraft so selig macht,
aus' Vaters Schooß vom Sohn 'fürbracht,
ein Auszug prophetischer Lehr
und der heilgen Apostel Schaar.

Alles was wissen soll ein Christ
fein kurz darin verfasset ist,
von Gottes Wesen und seim Willn
und wie sein Zorn auch sei zu stilln,
wie man in Angst, Trübsal und Noth
im Namen Christi ruft zu Gott.

Was der Christen Gnadzeichen sein
die ihren Glauben stärken fein,
der ewig, unverwelklich Sam,
daraus entsprießt der christlich Stamm,
die vernünftig Milch, lauter, rein,
so Christen zeugt und nährt allein.

Der gwiß Compaß und recht Magnet:
irrfahren würd, wer den nicht hätt,
der recht Probstein, der gwiß bewährt
was recht und Falsches wird gelehrt,
der alle Lehr urtheilet recht,
lehrt, tröstet und vermahnet schlecht.

Der Laien Bibel und Verstand
die Kinderlehr wird wohl genannt,
ein hell Licht in der finstern Welt,
auf rechter Bahn uns leucht't und hält:
drum billig einem jeden Christ
dies Buch das allerbeste ist.

Wer in Einfalt bleibet dabei
bewahrt Glauben, hälts Gwissen frei,
Gottes Kind und Erb er gwißlich ist:
halt uns dabei, Herr Jesu Christ,
daß darin fröhlich sterben wir
mit Freuden endlich fahren zu dir.

Johannes Mathesius. Cithara Christiana, durch Johann Lauterbach. Leipzig 1585. W. III, 1345. Der Verfasser, der bekannte Pastor von Joachimsthal, war schon 1532 Rector des Gymnasiums daselbst geworden, zog aber 1540 als Student nach Wittenberg, wo er von Luther an seinen Tisch genommen ward. Am 8. Octbr. 1565, bei der Predigt vom Jüngling zu Nain, rührte ihn der Schlag auf der Kanzel.

~~~~~~~~~~

Grabschrift

des gottseligen, hochgelehrten und theuren Mannes, Doctoris Martini Lutheri, welcher zu Eisleben in Christo
eingeschlafen ist am Tage Concordiä im Jahr 1546.

Doctor Luther, der theure Held,
hat reformirt die ganze Welt
und Gottes Wort bracht auf die Bahn,
ernstlich griff er das Pabstthum an,

und führt sein Sach hinaus mit Fried,
nach seinem Tod erhob sich Krieg.
Sein Lehr die wird nicht untergehn,
so lang die arge Welt wird stehn:
sie ist entsprungen aus der Schrift,
behüt uns Gott vors Teufels Gift.

Johannes Mathesius.

Schöne geistliche Lieder u. s. w. Nürnberg 1580. (Gesammt-Ausgabe seiner Lieder.) W. III, 1348.

Ein Epitaphium oder Grabred

ob der Leich Dr. Martin Luthers.

Als man zählt fünfzehnhundert Jahr
und sechs und vierzig, gleich als war
der siebenzehent im Hornung,
Schwermüthigkeit mein Herz durchdrung,
und wußt doch selbst nit, was mir was;
gleich traurig auf mir selber saß,
legt mich in den Gedanken tief
und gleich im Unmuth groß entschlief.
Mich däucht, ich wär in einem Tempel,
erbaut nach sächsischem Exempel,
der war mit Kerzen hell beleucht't,
mit edlem Räuchwerk wohl durchräucht.
Mitten da stund bedecket gar
mit schwarzem Tuch ein Todtenbahr;

ob dieser Bahr da hing ein Schild,
darin ein Rose war gebildt, *)
mitten dadurch so gieng ein Kreuz.
Ich dacht mir: Ach Gott, was bedeuts?
erseufzet darob trauriglich,
gedacht, wie? wenn die Todten=Leich
Doctor Martinus Luther wär?
In dem trat aus dem Chor daher
in schneeweißem Gewand,
Theologia hoch genannt,
die stund hin zu der Todten=Bahr,
sie wand ihr Händ und rauft ihr Haar,
gar kläglich mit Weinen durch brach,
mit Seufzen sie anfing und sprach:
„Ach, daß es müß erbarmen Gott!
liegst du denn jetzt hie und bist todt,
o du treuer und kühner Held,
von Gott dem Herren selbst erwählt,
für mich so ritterlich zu kämpfen,
mit Gottes Wort mein Feind zu dämpfen,
mit Disputiren, Schreiben, Predgen,
damit du mich denn thätst erledgen
aus meiner Trübsal und Gezwängniß,
meiner Babylonischen Gfängniß,
darin ich lag so lange Zeit,
bis schier in die Vergessenheit,
von mein Feinden, in Herzen Leid,
von den' mir mein schneeweißes Kleid

---

*) Luthers Wappen.

beflecket wurd schwarz und befudelt,
zerriffen und fcheußlich zerhudelt;
die mich auch hin und wieder zogen,
zerkrüppelten, krümmten und bogen.
Ich wurd gerädbrecht, zwickt und zwackt,
verwundt, gemartert und geplagt
durch ihr gottlose Menschenlehr,
daß man mich kaum konnt kennen mehr.
Ich galt endlich gar nichts bei ihn',
bis ich durch dich erledigt bin,
du theurer Held aus Gottes Gnaden,
da du mich waschen thätst und baden,
und mir wieder reinigst mein Wath *)
von ihren Lügen und Unflath.
Mich thätst du auch heilen und falben,
daß ich gefund steh allenthalben,
ganz hell und rein wie im Anfang.
Darin haft dich bemühet lang,
mit schwerer Arbeit hart geplagt
dein Leben oft darob gewagt,
weil Pabst, Bischof, König und Fürsten
gar fehr nach deinem Blut was dürsten,
dir hintertückisch nachgestellt.
Noch bist du als ein Gotteshelb
blieben wahrhaft, treu und beständig,
durch dein Gefahr worden abwendig,
von wegen Gottes und auch mein.
Wer wird nun mein Verfechter fein,

---

*) Kleid.

weil du genommen haſt dein End?
Wie werd ich werden ſo elend,
verlaſſen in der Feinde Mitt?"

Ich ſprach zu ihr: „O fürcht dir nit,
du Heilige ſei wohlgemuth,
Gott hat dich ſelbſt in deiner Hut,
der dir hat überflüſſig geben
viel trefflich Männer, ſo noch leben,
die werden dich handhaben fein
ſammt der ganzn chriſtlichen Gemein,
der du biſt worden klar bekannt
ſchier durchaus in ganz deutſchem Land.
Die all werden dich nit verlaſſen,
dich rein behalten aller Maßen
ohn Menſchenlehr, wie du jetzt biſt;
dawider hilft kein Gwalt noch Liſt.
Dich ſollen die Pforten der Höllen
nicht überwältigen noch fällen.
Darum ſo laß dein Trauern ſein,
daß Doctor Martinus allein
als ein Ueberwinder und Sieger,
ein recht apoſtoliſcher Krieger,
der ſeinen Kampf hier hat verbracht
und brochen deiner Feinde Macht,
und jetzt aus aller Angſt und Noth
durch den mildbarmherzigen Gott
gefordert zu ewiger Ruh.
Da helf uns Chriſtus Allen zu,

da ewig Freud uns auferwachs
nach dem Elend, das wünscht

Hans Sachs.

Hans Sachs, der berühmte Nürnberger Schuhmacher und Meistersänger, (geboren 1494, gestorben 1576) war einer der frühesten und
entschiedensten Anhänger Luthers in seiner Heimath, in welcher be-
sonders auch durch seinen Einfluß die Reformation einen raschen, ver-
hältnißmäßig mühelosen Sieg gewann. Im Jahr 1518 war er mit
Luther in Augsburg zusammengetroffen und hatte schon im Jahr 1522
40 verschiedene Schriften von Luther gesammelt. Er vertrat die
Sache der Reformation auch in manchen schneidigen Dialogen in
Prosa. Einer derselben, ausgehend von Luthers Büchlein, „von der
Freiheit des Christenmenschen," läßt erkennen, daß auch in evangelischen Kreisen schon im Jahr 1524 mancher Anstoß zu beklagen war.
In einem Gedicht vom Jahr 1529, „Inhalt zweierlei Predigt," stellt
er Luthers und des Pabstes Lehre einander gegenüber (die erstere unter
der Ueberschrift: Haec dicit Dominus Deus; die letztere unter dem
Titel: Sic dicit Papa.) Göthe hat den alten Meistersänger gegen
unverdiente Geringschätzung warm in Schutz genommen:

„In Froschpfuhl all das Volk verbannt,
    das seinen Meister je verkannt!"

<div align="center">~~~~~~~~~</div>

Das Trauerjahr 1546.

Ein christlich Lied oder Betpsalm, darin die Christen ihre
Sünden, mit welchen sie die jetzige göttliche Straf, so
dieses laufenden 46. Jahrs vor Augen, verwirkt, von
Herzen Gott bekennen und berichten, und um Vergebung
und Abwendung oder Milderung der Strafe bitten.

Im Tone: Vater unser im Himmelreich.

Hilf Gott in dieser schweren Noth,
    daß nicht der Feind treib seinen Spott
mit deinem Volk in Uebermuth,

der uns jetzt tracht nach Leib und Gut,
dein Wort uns trotzig nehmen will:
O Gott, sitz du hiezu nicht still.

Es ist wahr, daß wir habn verdient
die Straf, so jetzt plötzlich erscheint
mit stetiger Undankbarkeit,
die Sünd ist bei uns weit und breit
nach deinem Wort wir leben nicht,
thun hiermit des ein offen Beicht.

Sagen frei und bekennen dir,
o Gott, dies Alles höre schier,
daß wir an dir gesündigt han
und nach deim Willen nicht gethan,
groß Schwachheit, nichts Guts in uns ist,
leugnen ja solchs zu keiner Frist.

Wir sind sündliche Creaturn,
Fürst, Adel, Knecht, Bürger und Baur,
der Fall uns all getroffen hat,
voll sind wir der Sünd früh und spat,
vom Wandel wir gar rühmen nicht:
o Gott, nimm an solch unser Beicht.

Gib Gnad durch deinen lieben Sohn,
tröst uns durchs Evangelium,
unser zerschlagen Gemüth und Herz
heb auf, nimm weg all unsern Schmerz,
mach uns durchs Wort fein weiß und rein,
sei gnädig deiner armen Gmein.

Durch deinen Geist den Glauben stärk
in uns zu allem guten Werk,
ein guten Wandel gib bei uns,
der du die Sünd vergibst umsonst,
um Christus willen nimm uns an,
bei uns geheiligt werd dein Nam.

Herzlieber Gott wend von uns nicht
dein Gunst und gnädigs Angesicht,
erhalt uns in der Kinder Zahl,
die Abba Vater rufen all
und deine lieben Kinder sein,
durch deinen Sohn gemachet rein.

Dein Volk sind wir und dein Gemein,
laß uns bleiben beim Worte rein,
die Schwachheit in uns bleibet wohl,
ein Jeder aber rufen soll;
„Vergib uns Vater, unsre Schuld,‟
daß wir behalten deine Huld.

Bewahr uns vor des Teufels Grimm,
der jetzo nichts Guts hat im Sinn
und dein Wort wollte dämpfen gern,
mit falscher Lehr dein Kirch beschwern,
aufs neu die Brill uns setzen auf,
verhindern deines Wortes Lauf.

Sein Sohn, der Pabst sich regen thut
und wollt gern trinken der Christen Blut,
nach dem ihm längst gebürstet hat,

ists dein Will, wird ers trinken satt,
ein Blutbad zugerichtet ist,
wend es auf ihn, Herr Jesu Christ.

Weiden sollt er mit deinem Wort
dein Schäflein: o Gott unser Hort,
nun hat ers anders im Sinn,
daß er gern in seim Zorn und Grimm
sie töbten wollt und all erschlan*:
sieh du Gott, diesen Blutdurst an.

Behüt dein Kirch und gib ihr Fried,
daß sie dir sing mit Dank ein Lied
von deiner Hülf und großen Macht,
dein Hand zerbrech ihm seine Pracht,
sein Anschläg treib ihm bald zurück
und laß ihn sehn ein göttlich Stück:

Ein göttlich Stück hiermit ich mein,
wie Pharao im Meer gesehn,
der auch dein Volk gar fressen wollt,
bekam dafür den rechten Sold,
du hast bewiesen deine Gwalt
an ihm und deinem Volk gar bald.

Also ein Stück bewiesen ist
dem Sanherib zu dieser Frist,
da er dein Volk in Stolz und Pracht
umbringen wollt durch eigne Macht:

---

*) erschlagen.

der Engel gab ihm einen Stoß,
daß er ward hilflos und auch bloß.

— — —

Auf solche Weise steh uns bei,
vor falscher Lehr bewahr uns frei,
erhalt dein Wort in deiner Gmein
und bewahr uns vor falschem Schein,
laß uns nicht werden dem zu Theil,
der gern wollt hindern unser Heil.

Die Feinde des Worts stürze bald,
bei uns beschütze Jung und Alt,
behüt die Deinen in der Noth,
Vater im Himmel, lieber Gott,
mit deiner Stärke steh uns bei,
daß dein Hülf unser Glücke sei.

Um Christus Willn komm auf den Plan,
den Deinen tröstlich beizustehn,
denn er uns ja hat zugesagt,
was man dir, o Vater, fürtragt
in seinem Namen, soll geschehn:
laß du dein Volk nicht trostlos stehn.

Betrachte deinen Ruhm und Ehr
so unsre Feinde schänden sehr,
erhalt die wider ihren Pracht,
beweis an ihnen deine Macht,
daß dein Lehr ja erhalten werd
sammt deiner Ehr auf dieser Erd.

Und wenn du denn je strafen wilt,
so sei hierin gnädig und mild,
daß wir allein in deine Hand,
des Gnad und Güt ist uns bekannt,
mögen fallen und Straf empfahn,
die wir ganz wohl verdienet han.

O Vater in dem hohen Thron
erhöre uns durch deinen Sohn,
vergib uns unsre Missethat,
stürz unsre Feinde, schaffe Rath,
ein Wagenburg schlag um die her,
die suchen deinen Ruhm und Ehr.

Die sich aber hie brauchen lan,
unwissend dem Wort widerstahn,
dieselb bekehr o lieber Gott,
und reiß sie von der bösen Rott.
Breit aus dein Wort, vermehr dein Reich,
du, böser Teufel, von uns weich.

Amen. Amen. Amen.

Anton Corvinus 1546.

Die vornehmsten Artikel unsrer christlichen Religion, in christliche
Gesänge gebracht u. s. w. durch Anton Corvinum. Hannover durch
Henningk Rüben. 1546. W. III, 1171. Obwohl das Lied nicht direct
Luthers Erwähung thut, verdient es doch hier eine Stelle wegen des
Buß-Ernstes, womit es die wohlverdienten Strafen des Jahres 1546
betrachtet. Es zeigt, wie redliche Gemüther in Luthers Todesjahr die
kirchliche Lage anschauten. Gewaltiger, ergreifender und in kräftig-
erer Sprache kommt das zum Ausdruck in den folgenden Helmbold'schen
und Walther'schen Dichtungen, mit denen wir diese kleine Samm-
lung beschließen.

Ein chriſtlich Lied

um Erhaltung des reinen Lutheriſchen Katechismi wider die
Jeſuitiſche Verfälſchung.

(Im Ton: Herr Chriſt der einig Gotts-Sohn.)

Wer gibt uns reine Lehre?
    Herr Chriſt das iſt dein Werk:
du ſtrafeſt die Verführer,
daß man die Wahrheit merk,
    du haſt durch deinen Luther
mehr denn viel tauſend Güter
ganz Deutſchem Land erzeigt.

Das antichriſtlich Papſtthum,
darin die Welt geſteckt,
haſt du durchs Evangelium
dem Luther aufgedeckt,
    daß er ihm feind iſt worden,
von alln erdichten Orden
ſich ſtracks zu dir gewandt.

Er hat aus dem Geſetze
gelernet wahre Buß,
von deiner Gnaden Schätze
das Wort mit Freuden groß
    gehört, geglaubt, geprebigt,
daß alle Welt ſoll lebig
durch dich von Sünden ſein.

Auch recht zu beten wiſſen,
wie du ſelbſt haſt gelehrt,
des Taufbundes ſich tröſten,
und wo man ſich verirrt,
    durch Buß ſich wieder finden
zur Vergebung der Sünden
bei deinem Abendmahl.

Darnach chriſtlich zu leben,
wie's Jedermann gebühr,
haſt du Regel gegeben:
ſolch Katechismuslehr
    iſt ein ſolch Werk der Gnaden,
dafür dir Dank ſollt ſagen
aller Welt Kindeskind.

Es habens Viel genoſſen
mit Freuden Jung und Alt,
den Satan hats verdroſſen,
verſucht ſich mannigfalt,
    ſolch Gnadenwerk zu hindern:
Herr Chriſt, den lieben Kindern
ihr Schulbüchlein bewahr.

Verfälſcher ſind vorhanden,
Jeſu, du kennſt ſie wohl;
ſie führen deinen Namen,
aber nicht, wie man ſoll:
    du kennſt die Jeſuiten,
ſchlangiſche Katechiten,
vermiſchen Milch mit Gift.

Erbarm dich, Herr, der Kinder,
du biſt ja noch ihr Freund;
es iſt zwar viel geſchwinder,
denn wir, der böſe Feind
   mit ſeinen Jeſuitern,
dennoch muß gehn zu ſcheitern
was dir zuwider iſt.

Sieh nicht an unſre Sünde,
wir hättens wohl verdient,
daß uns hinfort kein Stunde
dein Wort würd angekündt;
   in Kirchen und in Schulen
Verachtung unverhohlen
iſt leider allzugroß.

Bekehre, lieber Herre,
was zu bekehren iſt,
den Halsſtarrigen wehre,
du biſt ja Jeſus Chriſt,
   geſtern und heut und morgen,
uns ewig zu verſorgen
dein Wort uns rein erhalt.

Wer uns darum will bringen
mit unſern Kindern klein,
dem laß, Herr, nicht gelingen:
will er nicht ſelig ſein,
   ſo laß ers uns doch werden,
dein Wort allein auf Erden
den Weg zum Himmel weist.

Wer das vergällt den Kindern,
wie rein dus hast beschert,
den straf vor andern Sündern:
ach, daß man würd bekehrt
    von der Lügen zur Wahrheit
Herr vor des Teufels Bosheit
uns beine Güt bewahr

Offenbarung der Jesuiten.   Durch M. Ludwig Helmbold.   Mühlhausen 1593.   W. IV, 964.

~~~~~~~~~~

Ein Straflied

wider die falschen Lutherischen und Maulchristen.

(Im Ton: Es spricht der Unweisen Mund.)

Wie sind wir doch so trüb Geselln,
    die wir uns lauter rühmen?
Wer thuts doch mit der That erfülln,
viel anders was beginnen
    denn Martin Luther hat gethan?
Es war zu seiner Zeit kein Mann,
den er nicht überwunden.

Teufel und Welt, nicht Fleisch und Blut
hat ihm viel Kampf gegeben:
er ward versucht bis auf den Tod,
es galt das ewig Leben:
    darum wars diesem Mann zu thun,
achtet derhalben kein Person,
außer dem Herren Jesu.

Die große Macht, der heilig Schein
des Pabsts und seiner Orden,
mit welchen war genommen ein
das Herz fast aller Frommen,
  als ob der Pabst der Oberst wär
der Christenheit: das war ihm schwer
herzlich zuwiderfechten,

Dieweil fast all gelehrte Leut
dem Pabst warn unterworfen,
wie denn auch selbst zu seiner Zeit
Luther hat schwören dürfen
  wer sich dem Pabst nicht untergäb,
sondern etwas widr ihn anhüb,
der müßt gebannet werden.

Der Kaiser und viel Herrn im Reich
warn in dem Wahn gefangen:
wahrlich der Beistand war nicht gleich;
zu Worms ist es ergangen,
  Luther hat da des Herren Wort
bedacht, was für Bekenntniß dort
werd jedem widerfahren.

Damit den Kaiser und den Pabst
und Alles überwunden,
was Satan zusammen gerapst
und ihm damit verbunden
  des Pabsts und Kaisers Hofgesind
das war dem Luther all gering
in ewiger Betrachtung.

Mit solcher Ritterschaft der Schrift
ist zu Boden geschlagen
des Müntzers aufrührerischer Stift
und was sich sonst erhoben
　　mit der Sacramentirer Schwarm:
Luther, gerüst mit Gottes Arm
wich keim Tyrann, noch Ketzer,

Wenns gleich Heinrich von England wär,
oder Georg von Sachsen,
Paris mit allr Sophisten Lehr,
Luther war ihm gewachsen,
　　Erasmus hat an ihm verlorn,
der Zwingli ist zum Schwindel wordn,
Luther standhaftig blieben.

Den Wucher, Geiz, Hader und Zank
irdischer Sachen halber
hat er als heidnischen Gestank
gestraft und sichs enthalten,
　　Summa: der Welt Lust, Ehr und Gut,
Haß, Zorn, Verfolgung, Uebermuth
unter die Füß getreten.

Das ist ein Kampf, das ist ein Sieg,
sein Herz ist ihm drauf gangen:
der ihn erweckt zu solchem Streit,
Gott ist ihm beigestanden,
　　daß er mit großer Freudigkeit
Christum bekennt und Alles leidt,
ritterlich überwunden.

Was kämpfen wir? Was siegen wir
recht lutherischer Weise?
Wie theur achten wir reine Lehr
mit Christi Trank und Speise,
    wenn er darreicht in Wein und Brot
sein wahren Leib und wahres Blut
uns Sündern zu genießen?

Welch Wucherer, welch Mammons Knecht,
welch Bauchdiener, welch Schlemmer,
welch Haberer, trotzig am Recht,
macht doch der Sünden weniger?
    Was ists, ein lautern Namen han,
und wälzen sich im trüben Schlamm?
Wie reimet sichs zusammen?

Es geizt, es habert wie ein Heid
der Zuhörer und Lehrer,
es prangt und prahlt mit Kost und Kleid
der Baursmann mit dem Bürger,
    geschweig der Edelmann und Fürst:
wenn Wasser thät, so stürben Durst
viel armer Leute Kinder.

Da helfen zu mit allem Fleiß
Rentmeister, Amtleut, Schlösser,
kein Pfleg behält gut alte Weis,
Aufsatz wird immer größer;
    der Handwerks- und der Ackersmann
das liebe Brot kaum haben kann,
welch reichen Herrn thuts jammern?

Gut lutherisch solls Alles sein,
Alles gut evangelisch,
aber die Schriften sagen nein,
man ist sehr eigenwillisch,
    des Bauchs gefangen und der Welt,
Gott solche Leute gottlos schilt,
ob sie sein Bund schon rühmen.

Es hat der Luther große Feind
im Glauben überwunden,
es will ihn Niemand han verneint,
man führt ihn auf der Zungen:
    aber womit wird es beweist?
ein Jeden seine Sünd gelüst,
bleibt willig ihr gefangen.

Wer streit wider sein eigen Geiz,
zeitliches Gut und Ehre?
Wer spricht zum Hader: Geh beseits
ich weiß ein beßre Lehre,
    denn aller Welt Juristerei,
die Wahrheit Christi macht mich frei?
Wer thut derselben folgen?

Wer läßt von seiner Schwelgerei
und großen Unzucht abe?
Wer ist in seinem Amt so treu,
daß Niemand Schaden habe,
    dem es zu Nutz geordnet ist?
schweig falscher Ruhm: im Herren Christ
ist ein rechtschaffen Wesen.

Ludwig Helmbold 1593.
W. IV, 967.

Der Dichter, im Jahr 1532 zu Mühlhausen, in Thüringen, geboren, studirte in Leipzig und Erfurt und wurde schon 1550 als Schulvorsteher in seine Vaterstadt berufen.   Zwei Jahre später kehrte er aber als Student nach Erfurt zurück, wo er 1562 Conrector am Gymnasium wurde.   1570 wurde er von bort um seines standhaften, evangelischen Bekenntnisses willen vertrieben und 1571 in seiner Vaterstadt als Diaconus angestellt und im Jahr 1586 daselbst zum Superintendenten befördert.   Am 8. April 1598 gieng er zur ewigen Ruhe ein.

~~~~~~~

Buß=Ruf an Deutschland.

(Ein neues christliches Lied, dadurch Deutschland zur Buße vermahnet.)

Wach auf, wach auf, du deutsches Land,
 du hast genug geschlafen,
Bedenk, was Gott an dich gewandt,
wozu er dich erschaffen.
 Bedenk, was Gott dir hat gesandt,
und dir vertraut sein höchstes Pfand,
drum magst du wohl aufwachen.

Gott hat dich Deutschland hoch geehrt
mit seinem Wort der Gnaden,
ein großes Licht dir auch bescheert
und hat dich lassen laden
 zu seinem Reich, welchs ewig ist,
dazu du denn geladen bist,
will heilen deinen Schaden.

Gott hat dir Christum, seinen Sohn,
die Wahrheit und das Leben,
sein liebes Evangelion
aus lauter Gnad gegeben:
    denn Christus ist allein der Mann,
    der für der Welt Sünd gnug gethan,
    kein Werk hilft sonst daneben.

Du lagst zuvor im Finstern gar,
mit Blindheit hart gekränket,
bei dir kein Licht der Wahrheit war,
dein Herz war gar gelenket
    zur Lügen und Abgötterei
    falsch Gottesdiensts und Heuchelei,
    ins Teufels Reich versenket.

Du hast zuvor den Antichrist,
sein Teufels=Lehr gehöret,
und seine Lügen, Stank und Mist
als göttlich Ding geehret,
    du gabst ihm noch als deinem Herrn,
    dein Leib und Blut auch willig gern,
    der keins dich nicht beschweret.

Von solcher Lügen falschem Schein
hat Gott dein Herz getrennet
durch Luther den Propheten dein,
ganz Deutschland Solchs bekennet,
    hat dich gezogen gnädiglich
    zu seinem Reich gar väterlich:
    wohl dem, ders recht erkennet!

Für solche Gnad und Güte groß
sollst du Gott billig danken,
nicht laufen aus seim Gnaden=Schooß,
von seinem Wort nicht wanken,
    dich halten, wie sein Wort dich lehrt,
daburch wird Gottes Reich gemehrt,
geholfen auch den Kranken.

Du solltest bringen gute Frucht,
so du recht gläubig wärest,
in Lieb und Treu, in Scham und Zucht,
wie du Solchs selbst begehrest,
    in Gottes Furcht dich halten fein,
und suchen Gottes Ehr allein,
daß du Niemand beschwerest.

Ob du solchs thust, das ist am Tag,
darf nicht erweiset werden:
es zeugt jetzt die gemeine Klag,
daß ärger nie auf Erden,
    auch weil die Welt gestanden ist
noch nie gewest solch Tück und List
in Worten und Geberden.

Es ist nicht auszusprechen mehr
die Bosheit, Sünd und Schande,
die grausam Gotteslästrung schwer,
so jetzt in Deutschem Lande:
    solch Sünde ist so hoch gebracht,
daß auch dafür der Himmel kracht,
erschüttert seine Bande.

Gott hat sein Wort gegeben drum,
daß wir uns zu ihm wenden:
so kehrt Deutschland das Blättlein um,
thut seinen Namen schänden,
    ist ärger worden denn zuvor,
all Sünde schwebt jetzt hoch empor,
drum wird Gott Strafen senden.

Der Wucher, Geiz, Betrügerei
wird jetzt für Kunst gelobet,
Ehbruch, Unzucht und Völlerei
wird auch noch wohl begabet,
    falsch Tück und List, Verrätherei,
Untreu, Falschheit, groß Büberei
ihr viel jetzt hoch erhebet.

Die Jugend wird gezogen jetzt
im Muthwill frech gewöhnet,
daß sie in Schalkheit so verschmitzt
was ehrlich ist, verhöhnet,
    ihr Kleidung muß fein bübisch sein,
das Weibsvolk gibt sehr bösen Schein,
mit Zierlichkeit beschönet.

Wer jetzt nicht Pluderhosen hat,
die schier zur Erden hangen
mit Zotten wie des Teufels Watt,
der kann nicht höflich prangen:
    es ist Solchs so'ne schnöde Tracht,
der Teufel hats gewiß erdacht,
wird selbst sein also gangen.

Denn welcher Christ solch Kleid erblickt,
der wird vor Trauern klagen,
sein Herz vor Gottes Zorn erschrickt,
wird bei ihm selbst oft sagen:
  „Ach Gott, Deutschland das bringet dich,
daß du mußt strafen härtiglich
mit schweren großen Plagen.

All Ständ sind jetzt so gar verderbt,
will Niemand sich erkennen,
mit gutem Schein doch so gefärbt
thun all sich Christen nennen,
  und wird der göttlich Name*) theur
zur Sünd gebraucht so ungeheur,
Deutschland wird sich abrennen.

Was vormals Unrecht, Sünd und Schand,
das thut man jetzt gut preisen,
was vormals Blei und Zinn genannt,
das heißt man jetzt hart Eisen:
  all Ding han sich so gar verkehrt,
Unrecht hat sich sehr hoch gemehrt,
solchs thut die That erweisen.

Die Wahrheit wird jetzt unterdrückt,
will Niemand Wahrheit hören;
die Lüge wird gar fein geschmückt,
man hilft ihr oft mit Schwören:
  dadurch wird Gottes Wort veracht,

---

*) Vgl. das zweite Gebot: Trügen bei Gottes Namen.

die Wahrheit höhnisch auch verlacht,
die Lügen thut man ehren.

· Dieweil denn Deutschland gar nicht will
an Gottes Wort sich kehren
und häuft der Sünden täglich viel,
es läßt ihm niemand wehren,
    so wird auch Gott ein scharfe Ruth,
viel Strafen senden wie ein Fluth
und Deutschland Mores lehren.

Wer Augen hätt und sehen könnt,
der würde freilich spüren
am Himmel, Erden, Luft und Wind,
die Gottes Strafe rühren,
    viel Zeichen läßt geschehen Gott:
fürwahr er was im Sinne hat,
will uns zur Buße führen.

Martinus Luther, Gottes Mann
hat Deutschland oft vermahnet,
man sollt von Sünden lassen ab*),
ein große Straf ihm ahnet,
    Gott würd an Deutschland strafen hart
den Undank an seim Gnadenwort,
keins Undanks Gott nicht schonet.

Wach auf, Deutschland, ist hohe Zeit,
du wirst sonst übereilet,

---

*) Orig. abelan.

die Straf dir auf dem Halse leit,
ob sichs gleich jetzt verweilet:
    fürwahr, die Axt ist angesetzt
und auch zum Hieb sehr scharf gewetzt,
was gilts, ob sie dein fehlet.

Gott warnet täglich für und für,
das zeugen seine Zeichen,
denn Gottes Straf ist vor der Thür:
Deutschland, laß dich erweichen,
    thu rechte Buße in der Zeit,
weil Gott dir noch sein Gnad anbeut
und thut sein Hand dir reichen.

Das helfe Gott uns Allen gleich
daß wir von Sünden lassen,
und führe uns zu seinem Reich,
daß wir das Unrecht hassen.
    Herr Jesu Christe hilf uns nu
und gib uns deinen Geist dazu,
daß wir dein Warnung fassen.

O Gott gib, daß der Name dein
durch falsch Lehr nicht geschändet,
von deinem Wort und Lehre rein
[wir] nicht werden abgewendet,
    dein Wille dämpf all Menschentand,
so von der Wahrheit abgewandt
durchs Teufels List verblendet.

Amen spricht, der dies Lied gemacht,

Gott tröste, die Noth leiden,
und stürze bald der Lügen Pracht
so Wahrheit stets thut meiden,
   und mach zu Schand was Unrecht ist.
Stärk unsern Glauben, Jesu Christ,
wenn wir von hinnen scheiden.

                Johann Walther. Wittenberg 1561.

Des Deutschen Landes Prophet und Apostel.

Ein neues geistliches Lied von dem gottseligen theuren und hochbegnadeten Manne Doctore Martino Luthero, Deutschen Landes Propheten und Aposteln.

(Im Ton: O Herre Gottdein göttlichs Wort.)

Das erste Theil.

Von des Antichrists Zeit und Regiment.

O Herre Gott, ich bitte dich,
   dein Gnade zu mir wende.
Herr Jesu Christ, erhöre mich,
den heilgen Geist mir sende.
   Gib mir Verstand, auf daß mein Mund
dein göttlich Wort hoch preiset,
   welchs du gesandt dem deutschen Land,
dadurch dein Lieb beweiset.

Ach Gott, wie hat so lange Zeit
der Widerchrist regieret
Und deine arme Christenheit
so jämmerlich verführet
   Durch falsche Lehr und Lügen groß
bein theures Wort verkehret,
mit Menschensatzung ohne Maaß
die Christenheit beschweret!

Hat viel Abgötterei gestift
und Christum hoch geschändet,
Mit Heuchelei und Teufels Gift
die Menschen gar verblendet,
   Auf falschen Glauben sie geweist
und wider Gott gelogen,
das Volk mit seinem Mist gespeist
und Leib und Seel betrogen.

Hat sich gesetzt an Gottes Statt,
sich lassen auch anbeten,
Hat Christus Leiden, Blut und Tod
mit Füßen gar getreten.
   Sein Füße mußt man küssen auch,
sein Leib wie Heilthum tragen,
sein Stank mußt sein ein edler Rauch,
durft Niemand anders sagen.

Nennt sich den Allerheiligsten,
und Christi Erb Statthalter,
der Christenheit den Obersten,
auch Gottes Reichs Verwalter:

Sanct Peters Schlüssel und Gewalt
zum Himmelreich und Leben
hätt ihm Sanct Peter zugestallt,
von Christo ihm gegeben.

Solch Lügen glaubte alle Welt
zu ihrer Seelen Schaden
Und liefen häufig zu mit Geld
um Ablaß Päbstisch Gnaden.
　Ohn Zahl war solcher Büberei,
die Abgotts List erdachte
und über seiner Schinderei
die Leute noch verlachte.

Mit Finsterniß und Blindheit gar
hat er die Welt bethöret,
Der Wahrheit Licht verloschen war,
sein Lügen ward gehöret.
　Und Niemand durfte wider ihn
mit Einem Wörtlein mucken:
sein Bann und Donner brachts dahin,
man mußt sich vor ihm bucken.

Also hat Alles unter sich
der Sünden Kind gezwungen
Viel tausend Seelen jämmerlich
ins höllisch Feur gedrungen.
　Und solchs aus Gottes Zorn geschah,
da man sein Gnad verachte
und Gott sein Wort und Licht entzog,
Undank die Strafe brachte.

Von Offenbarung und Stürzung des Antichrists.

Doch hat Gott seinen Zorn gewandt,
des Jammers sich erbarmet,
Die Lieb seins Sohns uns Gnade sandt,
hat Vaters Herz erwarmet,
    Und hat beschlossen in seim Rath,
den Antichrist zu stürzen
durch sein selbst göttlich Kraft und That
sein Bosheit zu verkürzen.

Zu solchem Werk hat Gott gesandt
den theuren Mann erkoren,
Martinus Luther (Lauter) er genannt,
zu Eisleben geboren.
    Und Gott der hat insonderheit
den Mann zum Schatz bescheret
der Grafschaft Mansfeld, die nun weit
mit Lob und Ruhm geehret.

Und diesen Lauter hat Gott bald
aus Mutterleib erwählet
zu seinem Werkzeug, mit Gewalt
vom Pabstthum abgeschälet,
    und hat ihm Kraft und Muth bescheert,
mit Gaben hoch gezieret
vom Himmel sonderlich gelehrt,
ins Spiel hinein geführet

Den theuren Mann begabte Gott
mit seinem Geist sehr reichlich,
daß er die Schrift von Christo hat
erkannt, bekannt auch herrlich:
  Gott gab ihm Weisheit und Verstand,
sein göttlich Wort zu lehren,
daß er den Antichrist erkannt,
der sich für Gott ließ ehren.

Also hat Gott den Mann erweckt,
ins Predigtamt gesetzet,
dem Antichrist zum Ziel gesteckt
und wider ihn gesetzet:
  Gott führt sein Sache wunderlich:
das Pabstthum anzugreifen .
ließ erstmals Luther säuberlich
dem Pabst zum Tanze pfeifen.

Er pfiff vom Ablaß ihm ein Lied,
das wollt dem Pabst nicht schmecken,
von welchem Lied, welchs wohl gerieth,
ließ sich der Pabst aufwecken,
  wollt mit Gewalt an diesem Ort
dem Tanz und Pfeifen wehren;
der Luther pfiff viel stärker fort,
wollt sich daran nicht kehren.

Dies Pfeifen bracht den Pabst zum Tanz,
daß er anfieng zu springen,
versucht am Luther manche Schanz
und hofft, ihm sollts gelingen:

Der ganze päbstlich Pfaffenschwanz
thät auf den Lauter bringen,
es war ihr aller Meinung ganz
den Lauter umzubringen.

Der Luther aber war gerüst
durch Gott auf allen Seiten,
das göttlich Schwert aufs allerbest
er führt zu allen Zeiten:
  so oft die antichristisch Schaar
ihn suchten zu verletzen,
schlug er sie all zu Boden gar,
thät alle Streich vorsetzen.

In diesem Kampf durch heilge Schrift
der Luther klar erweiste
des Pabstthums Tyrannei und Gift,
dagegen Christum preiste:
  er nannt den Pabst den Antichrist,
durch Schrift er solchs bewährte
sein Lügen, Schalkheit, Tück und List
aus Gottes Wort erklärte.

Wiewohl der Pabst sich wehrte hart
und all sein Macht versuchte,
den Luther als sein' Widerpart   .
verdammte und verfluchte:
  er rief um Hilf den Kaiser an,
den Ketzer zu vertreiben:
doch schützte Gott den weißen Schwan,
er mußt ihn lassen bleiben.

Er fordert ihn vors ganze Reich,
der Luther sich darstellte.
Der Pabst gebrauchte manchen Streich,
dadurch er Luthern fällte.
　Mit Trotz und List man an ihn schlich,
widerrufen er sollte,
der Luther nicht ein Haar breit wich
und solches nicht thun wollte.

Der Kaiser that ihn in die Acht,
der Pabst in' Bann erklären:
Gott solchen Rath zu nichte macht,
und konnt das Spiel so kehren,
　damit sein Werk würd ausgericht,
welchs er bei sich beschlossen:
das sollt der Teufel wehren nicht
mit allen sein Genossen.

Und Christus drückte nach mit Kraft,
des Abgotts Stuhl zu klopfen,
gab auch dem Luther Stärk und Saft
und ließ den Papst wohl rupfen:
　er raufte ihm die Federn aus,
damit er sich gezieret,
und stieß ihn aus dem Gotteshaus,
darin er lang stolzieret.

Auf Gott griff er den Riesen an
und hat mit ihm gekämpfet:
mit seiner Schleuder gieng er bran,
hat Goliath gedämpfet:

das arme Klosterbrüderlein
den Abgott hat gefället,
der allen Kaisern insgemein
mit Trotz sich vorgestellet.

Also hat Gott nun offenbart
den Widerchrist uns Allen,
hat seinen Stuhl gar umgekehrt,
daß sein Reich ist gefallen.
  hat seine Kron zu Schand gemacht,
sein Büberei entdecket,
daß jedermann sein spott und lacht,
mit Fingern auf ihn recket.

Dies Werk hat Christus nun gethan,
wie Paulus weißgesaget,
durch seinen Geist und Gottes Mann,
der ihm dazu behaget
  hat ritterlich auf freiem Plan
den Streit mit Gott gewaget.
  hat Sieg und Dank gebracht davon,
da Jedermann verzaget.

Das dritte Theil.

Von der gnädigen Heimsuchung Gottes und fröhlichen Zeit des
Evangelii, von dem großen Licht und reichen Erkenntniß göttlichen
Worts, sammt andern vielen Wohlthaten Gottes, durch den Luther
Deutschland erzeiget.

Als nun der Pabst, der Bösewicht
  aus Gottes Stuhl gestoßen
hat Gott sein Gnad, der Wahrheit Licht,
gar häufig ausgegossen,

hat Deutschland gnädig heimgesucht,
Erkenntniß aufgeschlossen,
so reichlich durch sein Wort erleucht,
das gleich übergeflossen.

Gott gab ein gülden Jubeljahr,
so reich von Gnad und Güte,
Sein Wort so klar, als schwebt es gar
in himmelischer Blüthe:
　　O eine selge Zeit das war,
der Christen Freud und Wonne,
da Christus durch des Luthers Lehr
ließ scheinen seine Sonne!

Denn Gott sein Schatz hat völliglich
seins Sohns, der unser Leben,
uns durch den Luther gnädiglich
zu erkennen gegeben,
　　hat alle Stück der Christenheit
reichlich durch ihn erkläret,
daß seiter der Apostel Zeit
so klärlich nie gelehret.

Zum ersten hat er klar bericht
welchs rechte, schwere Sünden,
und wie Natur selbst Hülfe ticht,
worauf der Mensch soll gründen,
　　wodu.ch der Mensch gerecht und fromm
vor Gott gerecht mag werden
daß man aus Gnaden dazu komm,
durch keine Werk auf Erden.

Er hat auf Christum Gottes Lamm
wie Sanct Johannes gezeiget,
welchs der Welt Sünde auf sich nahm
und Gottes Zorn geschweiget,
  hat Gottes Gnad in seinem Sohn
vor aller Welt gepreiset,
den Glauben, der solchs fassen kann,
auf Christum nur geweiset.

Hat Solchs durch Schrift erweiset klar,
daß Christus Blut und Sterben
alleine uns geholfen zwar,
gemacht zu Gottes Erben,
  daß Christus unsre Heiligkeit,
Gerechtigkeit alleine,
sonst helf uns nichts in Ewigkeit
solchs sei die Wahrheit reine.

Die Hauptstück hat er fleißiglich
mit großem Ernst getrieben,
in all sein Büchern mächtiglich
erweist und auch drauf blieben,
  hat diesen Schatz befohlen hart
uns treulich zu bewahren,
in seinem End auf dieses Wort
auch selbst dahin gefahren.

Das Gsetz und Evangelium,
hat er recht unterscheiden,
die Wirkung, Kraft und Eigenthum
erkläret hat von beiden.

Von guten Werken hat er auch
die Christen recht berichtet,
die Gottesdinst in rechtem Brauch
in Kirchen aufgerichtet.

Die päbstlich Meß mit ihrem Kram
hat er niedergeleget,
allen Betrug, der davon kam,
auch reine ausgefeget.
 Den rechten Brauch der Sacrament,
so durch den Pabst verletzet,
hat er nach Gottes Wort gewendt,
wie Christus eingesetzet.

Er hat die weltlich Obrigkeit
durch seine Schrift geschmücket
die vormals päbstisch Heiligkeit
hat unter sich gedrücket.
 Den Ehstand, der vom Pabst veracht,
hat er gar hoch gezieret,
all göttlich Stand zu Ehren bracht,
auf rechtem Weg geführet.

Was rechte christlich Freiheit sei,
durch Schrift er hat bezeuget,
von Pabstthums Stücken mancherlei
die Gewissen gefreiet.
 All Klöstergelübb hat er frei,
als nichtig losgesprochen,
die arge Klosterheuchelei
durch Gottes Wort gebrochen.

Die Bibel er mit großem Fleiß
durchaus verdeutscht sehr klärlich,
um welchs Werk sei Gott Lob und Preis,
daß er sein Wort so herrlich
  in deutscher Sprach mit Ruhm und Stärk
so klar hat offenbaret,
und diese Gab und höchstes Werk
dem Luther aufgesparet.

Was solchs sei für ein großer Schatz,
wird keine Zung erreichen:
Dem Glauben gibts groß Licht und Nutz,
sein Bücher all deßgleichen
  die er durch Gottes Geist und Kraft
geschrieben und gelehret,
hat Mark und Saft, es trifft und haft,
wers lieset oder höret.

Den Katechismus hat er rein
in Fragestück gefasset,
welchs güldne Büchlein, obwohl klein,
all falsche Lehre hasset,
  denn er darin mit reichem Geist
die christlich Lehre gründet,
und solchs der Christen Büchlein heißt,
darin man Labsal findet.

Das deutsche liebe Psälterlein
bezeugt sein hohe Gaben,
sein liebliches Gesangbüchlein
kann kein Mensch gnugsam loben,

wie geiſtreich ſeine Lieder all,
viel Troſts und Lehre haben,
daraus ein Chriſt in jedem Fall
ſich tröſten kann und laben.

Wer all ſein Bücher loben ſollt,
als ſie wohl würdig wären,   ·
wie ſie ſo reich und gar erfüllt
der guten heilſam Lehren,
    dem würde, wie ichs acht dafür,
an Kunſt und Wort gebrechen,
viel zwar an ſein Poſtillen nur
mehr Lobs dann auszuſprechen.

Was Chriſten iſt zu wiſſen noth
nach jedes Stand und Wandel,
gegen den Nächſten und vor Gott,
ſein Bücher reichlich handeln:
    wovon ein Chriſt Bericht begehrt
in Trübſal, Noth und Leiden,
wird gutes Raths und Troſts gewährt,
ſein Schriften Solchs beſcheiden.

Allen Dienern in Gottes Reich,
die um Verſtand Gott bitten,
den' hat er einem Vater gleich
Himmelbrot vorgeſchnitten:
    und welchen ſolche Speiſe rein
nicht ſchmeckt, oder wegſchütten,
das iſt ein Zeichen, daß ſie ſein
von rechter Lehr geſchritten.

Der Schwärmer Rottengeister Zahl,
der viel die Zeit sich funden,
durch Grund und Schrift er allzumal
vorlegt und überwunden,
    hat ihren Irrthum öffentlich
    gar klärlich angezeiget,
    durch seinen Geist gewaltiglich
    mit Gottes Wort geschweiget.

Wider Erasmum hochberühmt
hat er den Sieg erstritten,
daß nun der freie Will sich schämt,
hat Schiffbruch hart erlitten,
    und mußte sich zu Luthers Zeit
    mit Schande hart verkriechen:
    viel freier Herrn jetzt weit und breit
    ihn fleißig wieder suchen. *)

Die deutsche Sprach nach rechter Art
hat er aufs neu poliret,
so klar, verständlich, rein und zart
wie deutscher Sprach gebühret:
    Solchs Alles, die gottfürchtig sein
    mit Gottes Lob bekennen,
    den Luther deutscher Sprach gemein
    als ihren Vater nennen.

Des deutschen Lands Prophet er war,
den Gott zuletzt uns sandte,

*) Anspielung auf die synergistischen Streitigkeiten.

im Geist Eliä gleicher Maaß
des Baals Dienst verbannte,
   und bracht das Volk auf rechte Straß
zum rechten Glauben wandte,
welchs irre gieng, im Finstern saß
und Gott nicht recht erkannte.

Sein Glaub zu Gott war stark und fest
und sein Gebet sehr kräftig,
er suchte stets das Allerbest,
der Kirchen Nutz gar heftig.
   Er war der Segen und das Heil
des deutschen Lands wahrhaftig,
ein eisern Maur und starke Säul,
vor Gott im Glauben schäftig.

Er war auch nicht ein Wetterhahn,
der sich vom Wind läßt lenken,
stund fest und ging auf rechter Bahn,
ließ nicht wie Rohr sich schwenken.
   Der Welt Gunst setzt er gar hintan
und ließ sein Muth nicht sinken,
wollt nicht in Fahr, wie mancher kann,
auf beiden Seiten hinken.

Wo ist jetzund ein solcher Held?
Wo ist jetzt seines gleichen?
Ein Jeder nach der Zeit sich stellt,
gibt nach und kann fein weichen,
   lenkt Gottes Sachen nach der Welt
und kan   n Fuchs fein streichen,

was göttlich ist und Gott gefällt,
darüber kann man schleichen.

In solchem hat der Luther sich
gar ritterlich gehalten,
bis an sein End beständiglich
die Wahrheit nie gespalten.
   Ist nun entschlafen seliglich,
zu Christo heimgefahren:
Gott woll der Kirche ewiglich
sein Lehre rein bewahren!

Das vierte Theil.

Ist eine Vermahnung zur Dankbarkeit für die großen mannigfach
erzeigten Wohlthaten und gnädige Heimsuchung Gottes.

Ob Deutschland so viel Wohlthat hat
mit Furcht auch angenommen,
und sich bekehret mit der That
zu seinem Nutz und Frommen,
   Daßselb beweist jetzt Jung und Alt
mit ihren großen Sünden,
der Glaub und Lieb ist gar erkalt
kein Treu ist mehr zu finden.

Kein Mensch nicht kann die Bosheit schwer
so jetzt geschieht ermessen:
die Welt sich stellt, als ob sie wär
voll Teufel gar besessen:
   von Sünden sie sehr greulich stinkt
und Gott zur Strafe zwinget,

ist Wunder, daß sie nicht versinkt,
die Erde bald verschlinget.

Es muß was Großes sein im Werk,
daß Gott so lang verziehet:
ein schwere Strafe, groß und stark,
die Gottes=Langmuth dräuet:
   denn seine Gnad ist hoch und groß,
die er an uns gewendet,
dafür die Welt jetzt ohne Maß
sein Wort und Namen schändet.

Weh dir Chorazin, weh Deutschland,
weh allen diesen Städten,
die Gottes Gnade nicht erkannt!
Tyrus und Sidon hätten
   solch Gnad und Licht genommen an,
mit Dank und Frucht geehret,
in Sack und Asche Buß gethan
und sich zu Gott bekehret.

Und weh auch dir, Capernaum,
die du bist hoch erhoben,
du wirst zur Höllen wiederum
gestoßen und geschoben;
   und Sodoma wird träglicher
benn dir Urtheil gesprochen
am jüngsten Tag, erschrecklicher
dein Undank wird gerochen.

Das Judenthum hat Gott zerstört,

da sie sein Straf verachten,
und Soboma gar umgekehrt,
weil sie es übermachten,
  die ganze Welt im Zorn ersäuft,
da Noah sie verlachten,
viel Königreich im Grund zerschleift,
als sie zur Straf Gott brachten.

Also wirds Deutschland auch ergehn,
Gott wird den Undank rächen:
es kann die Läng nicht so bestehn,
es muß in Kurzem brechen:
  der Luther hat Solchs prophezeit
gar oft, eh er entschlafen,
Gott werde die Undankbarkeit
an Deutschland heftig strafen.

Es werde auch der Wahrheit Licht
von uns genommen werden,
weil Lügen wider Wahrheit ficht
und Undank groß auf Erden.
  denn jetzt ihr' Viel muthwilliglich
des Luthers Schrif verkehren,
den Gottesmann auch wissentlich
mit Lügen hoch beschweren.

O Luther, du wahrer Prophet,
du bist von uns genommen,
der dritt Elias, wers versteht,
wird keiner nicht mehr kommen:
  der Vater, Fuhrmann Israel,

sein Reuter und sein Wagen,
war treu vor Gott wie Samuel,
der wir groß Mangel tragen.

Ach Gott, wie jetzt der Wagen geht,
darf Keiner nicht viel fragen:
man siehet wohl, wies jetzund steht,
was fromme Christen klagen:
    ist Niemand, der den Wagen richt,
recht lenket oder führet,
man hilft ihm nicht ob er zerbricht,
kein Fuhrmann wird gespüret.

Darum, o Herre Jesu Christ,
mit deiner Hilf erscheine,
bei Menschen gar kein Hilfe ist,
von dir kommt Trost alleine.
    Komm Herre Gott, mit großer Kraft,
hilf deiner eignen Sachen,
laß uns in Glaubens=Ritterschaft
auf deine Zukunft wachen.

O Gott wir bitten sonderlich,
du wollst das Haus zu Sachsen,
welchs du erlaucht hast gnädiglich,
im Frieden lassen wachsen.
    Erhalt dein Wort darinen rein,
all Irrthum auch abwende,
dein heiligen Geist der ganzen Gmein
zu Hilf und Beistand sende.

Der Graffchaft Mansfeld wolleft du,
Herr Gott, auch thun desgleichen:
laß sie in deinem Fried und Ruh
von Luthers Lehr nicht weichen:
    weil Luther brin geboren ist,
sich auch zur Ruh geleget,
so hilf, daß dein Wort, Jesu Christ,
alloa werd rein verheget.

Der dieses Lied gesungen hat
bem Herren Chrift zu Ehren,
der bittet Christum früh und spat,
woll seinen Glauben mehren,
    und wolle durch sein Blut und Tod
die Irren all bekehren,
auch allen Christen durch sein Gnad
ein seligs End bescheeren.

Johann Walther, 1564.
W. III, 221.

Der Verfasser ist der bekannte Luther=Cantor, der im Jahr 1524 bei
der Einrichtung des liturgischen Gottesdiensts in Wittenberg half und
auch das „Geistliche Gesangbüchlein‘‘, Wittenberg 1524, mit heraus
gab. Er ist im Kirchenbuch mit den Nummern 174. 213. 421. 587–589
vertreten, die letztern drei aus seinem herrlichen Lied vom ewigen
Leben, dessen Original 34 Strophen enthält.

Alphabetisches Verzeichniß.